遇見崇川

MEET CHONGCHUAN

博物

崇川风物一览

A Glance of
Chongchuan
Scenery

NATURAL
HISTORY

南通报业传媒集团　编著

文物出版社

《崇川三十六行》(局部)

目录

南通话：方言岛上传密码

　　有一种厉害，叫"结棍"；有一种刁钻，叫"促狭"，有一种非常，叫"没魂"；有一种清爽，叫"灵凡"；有一种聪明叫"无力"；有一种能耐，叫"人物灯儿"……

　　这是南通主城区附近一部分地区的方言，这种方言叫南通话，可以说是南通地方的非物质文化遗产，也是南通人与众不同的特色之一。作为这方土地上一代代流传下来的乡音，南通方言是一千多年来在江海交汇的沧海桑田中逐渐融合发展起来的，兼具南北方言诸多特点而自成一体的特殊语种。

《南通方言疏证》，鲁迅先生曾向南通人季自求借阅过此书

　　南通旧称通州，地处长江入海口冲积平原北翼，是吴越文化、荆楚文化和齐鲁文化的交汇处。独特的地理位置造就了南风北韵、别具一格的语言特色。在南通，东南片的海门、启东及由此向北的如东少数临海地区讲启海话，属于吴方言；西北片的如皋、海安与

如东大部分地区讲如海话，属于江淮方言；南通话则具有与周边地区截然不同的发音风格。

南通方言的地理边界处于吴语和江淮官话交界的最前沿，虽然很多人把南通话归属于吴语语系，但因为其特殊发音和词句，让南通话在汉语方言中具有独特的地位。南通话的独特之处在于，与之近邻说江淮官话的如皋人听不懂，与之毗邻说正宗江淮官话的泰州、扬州人听不懂，其他官话方言区的人都听不懂。所以，南通话这一现象，在语言学上被称为"方言岛"。更有学者认为，现代吴语是古代本地土著语言，即古代吴语和中原语言多次混合、互相影响的结果。而南通话受到这种混合和影响相对较少，可能更多地保留了古吴语的口音，其中以通东话（通州东部）尤为突出。所以，部分专家认为，南通话方言的部分语音，比江南吴语还要接近古代吴语的发音。

现代南通话被归属于江淮官话、通泰片、南通片颇有争议，曾被建议单独划出为吴方言区的一个方言岛。有人研究过这个南通话的方

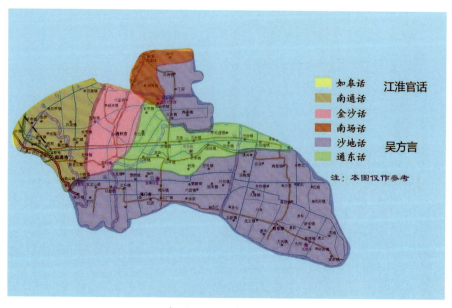

南通地区方言示意图

南通歇后语：狼山没后壁——敬重远行客（周俭如 绘）

言岛，发现它的轮廓，与历史上真实存在的岛屿胡逗洲其实很接近。

　　回顾历史，南通主城区的陆地滥觞于南北朝的江心沙洲，名曰胡逗洲（或壶豆洲），洲上本无土著居民。现今南通主城区人口的形成历史背景极其复杂，与政策性迁徙，以及战乱、逃荒、避难、驻军、经商、做官等均有联系。

　　文献记载，南北朝梁元帝时，胡逗洲上多"流人"。不管是流亡、流放还是流浪，这些岛上的先民煮盐为业。现今南通的狼山下，还遗存着史书上不知所终的唐初骆宾王之墓。在各种方言的夹击下，主城区的南通话不断融合南腔北调，跟周边方言既像又不像、既搭又不搭，从而形成了独特的"孤岛语言",千百年以来仍保留着古意古音。

据《南通方言考》考证,主城区南通话共有声母39个、韵母33个、声调7个。其中,舒声5个,入声2个,发音极为复杂,很难归入周边任何一种方言。南京大学文学院教授顾黔认为,南通方言是语言活的演变过程,研究南通方言能发现汉语从古代到现代的演变,这也奠定了南通方言的独特地位。

当外地游客来到南通,总觉得南通话像日语。那句著名的"库子又瓦,库多西瓦;哈子又瓦,哈地西瓦",成了很多人出题考试的题目。当然,对方琢磨了半天,也弄不懂原来说的是"裤子要坏,裤裆先坏;鞋子要坏,鞋底先坏"。

已故南通籍语言学家王均先生曾说过:"南通话,外地人很难听懂,两个本地人讲话,外地人简直不知所云。但若是面对外地人,他们会改说相当普通的普通话。而且(南通人)差不多都会说两种话,可见他们也知道自己的话不好懂。"

南通作家黄步千回忆说,三十年前他们去南京开一个国际研讨会,吃饭的时候一桌南通人用家乡话聊天,旁边一桌日本人听他们说话,就问服务员:他们也是日本代表?但听不出他们说的是日本哪个地方的方言。黄步千说,他的叔叔黄豫武是一名日语老师,曾做过多年的研究。他叔叔认为,日语里汉字的发音和南通话几乎都是入声,可能是日本人感觉似曾相识的原因。所以,说南通话像日语,可能更多的应该是从语言色彩、风格角度产生的一种感性判断,不是理性意义上的语言研究。

"方言是口口相传,与书面是脱节的。"黄步千笑言,他研究南通方言三十多年,只会说不会写的字也有很多。为了推广南通话,黄步千编写了小册子《乡音土语南通话》,搜集了不少南通方言中的冷僻字。比如,"瘩"(读"垒"),指的是被蚊子叮后,皮肤出现的小疙瘩。很多人看后觉得特别有意思,感叹道,经常口头说的字,原来是这么写的。

据说在战争年代,南通方言曾发挥与众不同的特殊功能。打仗时

南通歇后语：猫儿不吃蟹——摆了看看（周俭如 绘）

用它做过联络暗语，敌人就是截获到这些语音，也无法破译，比密电码还靠谱。原汁原味的南通方言，不但成为南通城里人们日常交往的重要工具，也是感情联络的纽带。不管是在异国他乡，还是天涯海角，只要听到一句南通乡音，彼此立马变得亲近起来。

五里不同音，十里不同调。方言是地方历史文化的活化石，浓缩的都是历史文化的精华。南通方言是南北文化交汇融合的产物，多种语言在此相揉、混杂，形成了一种与众不同的地域文化，而这种折射出的文化精神需要一代代人传承下去。

外地过来的游客，不学几句南通话，还真不算来过南通。

《崇川竹枝词》：诗歌流传两百年

　　千百年来，直接用"崇川"来冠名的文学作品，最有名的当属"崇川竹枝词"。

　　从文学样式上看，竹枝词实际上不是"词"，而是"诗"。说起它的来历，那是由来已久。普遍认为，"竹枝"是古代流行于巴、渝一带的民歌。诗圣杜甫在夔州，也就是现在重庆奉节一带时，就发现了这一诗歌宝藏，并写过一些"竹枝"味儿很浓的诗作，只是没有采用"竹枝词"的名号。白居易也在诗中点评过这一民歌："幽咽新芦管，凄凉古竹枝"。真正让这一民间歌曲登上大雅之堂的，是白居易的好哥们、曾任夔州刺史的一代诗豪刘禹锡。他直接用《竹枝词》命名的 11 首诗歌脍炙人口，其中有："杨柳青青江水平，闻郎江上唱歌声。东边日出西边雨，道是无晴却有晴。"

　　竹枝词从此不胫而走，成了深受文人墨客喜爱的一种文学样式。有的竹枝词，是由文人吸收、融会民间歌谣的精华而创作，有的则是借竹枝词格调而写出的七言绝句。竹枝词格律要求比较宽松，朗朗上口，易于传播，由此受到大众的欢迎。我国各地都有竹枝词流传，在江海交汇的崇川福地，清代的一批"崇川竹枝词"流传至今，被后人一再吟咏、引用。

　　目前，所能看到的《崇川竹枝词》主要是李琪和姜长卿这师徒二人的作品。

　　李琪，清代通州人。字东美，一字元朗，号少山。善诗文，著有《少山诗文钞》。李家是一个诗书世家，就像李琪在其竹枝词中所言："十

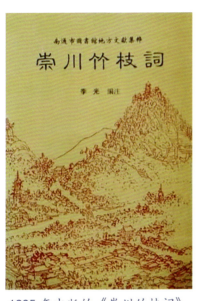

1995 年出版的《崇川竹枝词》

世衣冠数卷诗，人人俱解拈吟髭。"雍、乾年间著名的"扬州八怪"之一、书画家李方膺，就是李琪的曾叔祖。李琪的"竹枝词百首"创作于道光初年，实际数量是九十九首。

姜长卿，字吉亭，号铁生。居通州余中坝桥。姜长卿年少时就跟着老师李琪学习，但性格豪爽喜欢交朋友，狂放而率直，以豪侠自负，以至于不合时宜，几乎被乡里所屏逐。这位写诗狂赞家乡的文学青年，却被乡亲们嫌弃，可见个性有多强。姜长卿的"竹枝词百首"是和其师李琪所作，刊于道光十年（1830 年）。李琪亲自为他作序说，"其于山川人物记载较详于余，几有出蓝之喻"。意即差一点就"青出于蓝而胜于蓝"了。

今天我们读到李琪、姜长卿的这近 200 首《崇川竹枝词》，仿佛打开一幅绚丽多彩的风情长卷，两百年前的那些人，那些事，那些山水和场景，皆跃然纸上。这些诗篇可以分为咏史、纪事、风物、言情四大类，涉及南通的历史人文、山川形胜、风土人情、市井民俗等，基本上就是一部清代版的《遇见崇川》。

《崇川竹枝词》，它的视角其实不局限于今天的崇川，而是放眼整个大南通（甚至还包括当时属通州管辖的泰兴），为地方史保留了大量第一手资料。

"淮南江北海西头，中有一泓扶海洲；扶海洲边是侬住，越讴不善善吴讴。"这是李琪开篇第一首，第一句已经成为如今介绍南通地理位置的经典之句。"扶海洲"，是汉代南通地区江口最早出现的一块沙洲，位于如今的如东一带。这里的先民最早是从江南吴地迁徙过来，吴歌的余韵依然保留在如东民歌中。

"三十六场分灶籍，范公堤接沈公堤；堤南堤北盐如雪，都上扬

古代盐民煮海为盐的场景

州商总旗。"姜长卿的这一首诗，描述的是南通盐业繁兴的景象，当年运盐河畔三十六场的盛况浮现眼前。

《崇川竹枝词》，加上作者的原注，所反映的清代南通社会生活层面，其广度、深度和生动性，是一般文献资料不能比拟的。其中记载了大量南通民间的风俗民情，今天读来倍觉鲜活。

哨口风筝、蓝印花布、包灯、冷钉、海鲜、江鲜、河鲜等南通特产，在其中都有生动的写照。读着这些朗朗上口的诗句，仿佛听一位渊博又亲和的老人在谈天说地，时光的隧道在这一瞬间被豁然打通。

Tips

《崇川竹枝词》

1995 年，根据南通市图书馆静海楼所藏的旧刻本，由季光编注，江苏文史资料编辑部整理出版。该书除了收录李琪、姜长卿的《崇川竹枝词》外，还收录了《渔湾竹枝词》《海门竹枝词》。另外，特别收录了李懿曾的一百首《望江南·通州好》。虽然体裁不同，也是讴歌南通的佳作。李懿曾是李琪的父亲，字拾珊，号鱼衫。与胡长龄、马有章并称"江东三俊"。

童子戏：粉丝做鞋送偶像

朝番子（南通话"从前"之意），南通城这块落场，还是长江中的孤岛胡逗洲，来自四面八方的初民们带来了各种口音，并逐步融合成了后来的南通话。

有了上千年历史的童子戏，便是用这一方言进行演唱的，同时配以打击乐器的敲奏，声腔高亢悲怆，方圆十多里都能听到这如泣如诉的古音。

通剧剧照

童子戏起源于唐朝初年，由古老的祭祀音乐和舞蹈演变而来，与巫术有着密切关系。专家认为，它是战国时期楚地傩文化的一个分支。

至明代中叶以后，以童子戏为主要标识的通州民间巫风活动十分活跃。据史料载，万历四十四年（1616年）的城隍会上，有民间艺人"装饰诸魑魅魍魉之状，游行于衢市"。可见，当时就已经有规模宏大的"童子会"了。到了清代及民国时期，巫人活动由单纯的家庭祭祀、祈福消灾向民间戏剧活动发展，童子戏逐步完成了从娱神到娱人的过渡，发展为一种戏剧样式。童子可分文童子、武童子两种。文童子以念唱为主；武童子的表演形式融杂技、气功为一体，惊险刺激。

中华人民共和国成立以后，随着社会的进步，童子戏的巫术成分逐步消失。1957年，南通地区成立了第一家童子戏剧团，并冠名"通剧"。至此，孕育了千年的童子戏正式登堂入室，成为中国众多地方戏中的一员。

在南通，童子戏主要分为北、南、东三派，北派流行于如皋西北的九华、车马湖、薛窑和海安部分地区，南派流行于崇川区的农村，东路则流行于通州区的平潮、石岗、骑岸、刘桥、西亭、四安一带。其中，以南派童子戏最具代表性。

童子戏使用方言土语，唱的是俚曲小调，其唱腔高亢清亮，有铃板腔、点鼓腔、圣腔、书腔和喜腔等，唱词句式多为七字句、十字句。童子戏主要为古装戏，剧目有《李兆庭写退婚》《陈英卖水》《秦香莲》《王清明合同记》等。这当中有艺人自编的剧目，也有移植于其他剧种，如《李兆庭写退婚》，即脱胎于人们所熟悉的黄梅戏《女驸马》。

由于具有浓郁地方特色和乡土气息，童子戏深受群众欢迎。20世纪七八十年代，港闸区通剧泰斗陈映田（别号陈泉侯）每有演出，可

通剧《范老爷判婚》剧照

通剧至今仍受到南通百姓的追捧

以用"万人空巷"来形容其盛况。陈泉侯可以说是那个年代的本土实力派巨星，从 20 世纪 40 年代末期开始一直红了半个世纪，号称童子戏里的泰斗，其粉丝遍布江海大地。据说，当时年轻妇女们向陈泉侯表达爱慕与崇拜的方式，是送自己手纳的布鞋。他家的布鞋一度堆满了整间屋子。

童子戏是中国傩文化遗存不多的一个重要分支，已传承千年并保存完好，因此，是研究中国傩、傩舞、傩戏的重要资料。

与此同时，它还是一门多功能、多学种的传统民间艺术形式，和人类学、艺术学、民俗文化学、社会宗教学等，都有着密不可分的关系。例如，与童子戏伴生的《十三部半巫书》长达 1.5 万多行，主要记叙了唐朝初年的朝野大事和逸闻传说，极具史料与文学价值。

2008 年 6 月，童子戏被列入第二批国家级非物质文化遗产名录。可以说，作为一个古老的剧种，童子戏在中国传统戏曲艺术中有着"活化石"的地位。如今，从童子戏进化而来的新派通剧，不但登上了央视的大雅之堂，并依旧活跃在崇川、通州等地的文艺舞台上。

放烧火：南通人也有火把节

元宵佳节，全国各地张灯结彩。元宵看灯的风俗，各地都差不多。唯独南通农村"放烧火"的风俗，倒是独此一家。《中华全国风俗志》称放烧火为"南通正月望之奇俗"。有过南通乡村生活经历的老人们，都记得有这么一句顺口溜："正月半，二月半，家家人家放烧火。"

"放烧火"的"烧"，读第四声，又称放哨火。过去，每逢正月半的下午，南通农村家家户户就用芦苇、红草或者茅草，扎成了碗口粗，几尺长的大草把，少的一个，多的三四个。等到太阳一下山，村民们将草把点起来，再举着火把，挨着自家的田岸上一边跑一边喊："人家的棉花收到一盘篮，我家的棉花收了一堆栈，噢……""我家的菜上了街，人家的菜才在栽，噢……""我家的萝卜石礶奘（方言，粗大的意思），人家的萝卜草丁子，噢……"等等，语言诙谐风趣，比喻生动形象。虽说有褒己贬人之嫌，但家家户户都作如是说，变成一种打擂台式的比拼。邻里间，比火把亮度大、比嗓音高低、比口齿伶俐、比奔跑迅速，成为一种自娱性风俗活动。

放烧火，不仅仅是一种娱乐样式，事实上它又叫"烧毛虫"，是民间流传下来的一种农耕的习俗。用烟熏火烧的方法，既可以消灭躲在地下过冬的害虫，又能够使烧下来的草灰变成钾肥，有利于农业的丰收，农民自然十分热衷。

"山村好是晚风初，烧火连天锦不如；但祝蟊虫能照尽，归来沽酒脍池鱼。"清朝道光年间，通州人李琪写的《崇川竹枝词》，展示出一幅"烧火连天"的壮丽场景。

放烧火的活动虽然在乡村，但也吸引了不少城里的文人雅士跑到南郊狼山上去看。登山远望，夜空里明月如盘，大地上火光点点，火龙游动，疑似银河落九天。加上粗犷的呐喊，此情此景，呈现出一幅独特的江海元宵夜景图。晚清南通诗人范当世（伯子），曾有《狼山观烧感赋》，生动描绘出家乡习俗。诗的开头写道："元夜灯辉万万古，无端忽被时危阻。传闻野烧今宵多，重向狼山命俦侣。"诗中还记录了"他人有菜小如钱，吾侬菜若筐之钜"的乡民俚语。

烧火亦称哨火，关于它的来历还有另一种说法，与南通抗倭的历史相关。相传，明代嘉靖年间，倭寇从海上入侵江海平原，民众自卫，奋起抵抗。官兵首先攻占敌船，放火焚毁，断其后路；百姓们也每家每户都点起火把，大声呼喊，助阵杀敌。只见四野火光遍地，犹如繁星，呐喊之声震天撼地，倭寇见状狼狈逃窜。自此之后，每逢正、二月的月半之日，人们就放"哨火"，庆祝抗倭战斗的胜利。那一声"噢……"，保留了当年围剿倭寇时的威武气势。其实，南通年三十的"煨百虫"和正月十五的"放烧火"，都是来自远古时代先民对火神和火的崇拜。《后汉书》上就有用火把驱疫打鬼的记载，后演变成了火把节。根据专家考证，从汉代的拿火炬驱疫到唐宋的元宵灯节，中间还显然存在了一个火把节的发展阶段。在仲富兰《当代人与民俗》一书中，有这样一段话："时至今日，在江苏南通地区仍有放烧火的习俗。可见，少数民族有火把节，汉族地区也存在火把节的遗风。"也就是说，南通民间的放烧火，实际上就是汉民族的火把节。

当然，除了放烧火之外，南通人元宵节赏花灯的习俗也源远流长。南通一直沿袭正月十三上灯、正月十八落灯，为期六天的灯会。"上灯圆子落灯面，吃了以后望明年"，南通人上灯时煮汤圆，落灯时吃面条，将南北美食一网打尽。

至今，南通郊区仍有正月半放烧火的习俗

13

五公园: 多少亭台映濠波

一代人有一代人的追忆，一代人有一代人的乐园。

百多年来，几代南通人都曾在濠河西南端的"五公园"里流连忘返，留下了各自难忘的城市记忆。

五公园是 20 世纪 20 年代前后兴建的最具南通地域特色的园林景区，依傍于水阔岸秀的濠河西南端，并以东西南北中的方位冠名，堤桥相接，亭阁相连，波光相映。它们的创始者，正是南通人永远铭记于心的先贤张謇。

如今，漫步濠滨，依稀可寻这五座公园的影子。但与百年前的面貌相比，它们大都更改了往昔的容颜。东、西两园，甚至已经成为消逝了的风景。

　　张謇先生在其城市建设的蓝图里，为公园留下了足够的空间。1913年，他在唐闸工业区兴建了唐闸公园，这是让职工能得到一个放松身心的公共场所。其环境之优美，配套设施之齐全，在当时国内堪称开风气者。

北公园内的观万流亭

东公园旧影

从 1915 年起，张謇又在南通城内的濠河边上，连续开辟出五座公园，与长江边的五山相呼应，俗称"五公园"。这五座公园各具特色，并经常举办各种主题活动，一时成为南通城里热门的休闲去处。经过张謇这批先贤的点睛之笔，使具有千年历史的濠河从古老的护城河变身为风景名胜。

　　五公园中第一个建成的是北公园。南边的水面上，建有一座可领略南通城风貌的亭子，叫观万流亭。八角形、二层楼的观万流亭，比一般亭子要高出不少。站在亭子的二楼，往南望去便能看到狼山，往北则可一览南通古城。观万流亭北侧由一座桥与公园相连，叫公园一桥，如今的文化宫桥就是原来的公园二桥。

　　当年的民众也赶时髦，喜欢到北公园里打桌球、玩气枪，还在草地上打网球。新中国成立后，北公园建成南通劳动人民文化宫，成了广大职工的大乐园。当时的上海市市长陈毅为这座文化宫题写了名称。改革开放后，每年在文化宫上演的"濠滨夏夜"，成了国内知名的群众文化品牌。

　　中公园建在北公园之南的一座小岛上。它是在过去魁星楼的基础上改建的。当时的规划者将其风格设定为"中国风"，呈现出传统的中国古典园林样貌，园内有适然亭、卷云轩、清远楼等古色古香的亭台楼阁，让市民们能够欣赏到中式园林之秀。有不少文人雅士喜欢在这里品茗赏景。

　　如今许多南通人并不知道中公园位于何处，但说起少年宫，他们会恍然大悟。是啊，它后来演变为少年宫，南通城里城外的孩子们，几乎都会在这个小岛上留下过童年回忆。也许，只有园内的假山，算是当年中公园的遗存，不少孩子应该都在其中穿行过吧。

　　南公园在中公园的南侧，基本上也是建在一个独立的岛屿上。南公园虽然经过改建，还是"五公园"中与原貌较为接近的一座。建成时就成为南通人赏荷胜地的荷花池，每年夏天依然有"接天莲叶无穷碧"的盛景。

　　当时的南公园里，依水而建的两幢建筑相向而立，南边是与众堂，

修整后的南公园千龄观

北边是千龄观。与众堂雍容庄重，当地名流常在此聚会、议政，它还具有公益属性，堂中悬有中外人士捐助南通教育慈善事业的名单。千龄观则古朴典雅，是张謇兄弟专为敬老而建，供城乡老人游乐。现在还可看到一幅摄于 1924 年 3 月的照片，张謇、张詧等在千龄观内为石港百岁老人陆兆华贺寿。值得一提的是，在合影中，处于"C位"的是那位百岁老寿星，而张謇兄弟则坐在了最边上。

东公园是目前最难找到旧时踪迹的。当年，从北公园过二桥，就到了东公园的大门。那时的大门有一对仙女石雕像，占地二十多亩的东公园是妇女、儿童的游览之处，园内秋千、木马、转车等娱乐设施齐全。这里绿树成荫，也是市民散步、纳凉的好去处。1919年，由张謇等集资而建的中国电影创造有限公司也设在园内。这个公司摄制了《张季直先生的风采》等一批纪录片。东公园一带，后为市总工会所在地，几经拆建，早已失去公园的样貌。如今，这里的开放式小游园也算是恢复了一些当年的休闲功能。

西公园现在也几乎成为一个地名了。当年的西公园大门，是一个气派的石牌坊，横石条上是张謇题写的"西公园"三个端正的楷书。西公园里建有露天游泳池，是当时体育爱好者的乐园。那时的西公园与中公园有桥相连，穿过竹园和花圃，可以到河心的中公园一游。

当年西公园一带最负盛名的，当属北侧的南通俱乐部。1921年，南通籍建筑设计师孙支厦仿上海外滩德国俱乐部设计了南通俱乐部。俱乐部是两层砖木结构的建筑，设施堪称一流，供中外嘉宾宴会、娱乐之用。1922年，中国科学社的年会在南通举行，这里云集了众多的科学家。20世纪50年代，有关方面拆去俱乐部原有的圆顶，又加高了一层，辟为政府招待所。21世纪初，这幢民国建筑被拆除，如今这里是一块亲水绿地。

百年倏忽，当年的公园风貌，早已被风吹雨打去。不过张謇先生创建五座公园的教化功能，也通过环濠河的文化提升，分散到了各处。那种寓教于乐的情怀，如今有了形式多样的传承。

六桥：站在桥头看风景

你站在桥上看风景，看风景人在楼上看你；
明月装饰了你的窗子，你装饰了别人的梦。

　　虽只是短短的四句，南通籍诗人卞之琳的《断章》却有着无尽的意蕴，似曾相识却又无法了然。也许，只有走进风情万种的南通，走上烟雨迷蒙的画桥，你才能真正体会到诗人所营造的那份如梦如幻的意境。的确，作为河道纵横的水乡，桥在南通人的生活中一直扮演着极其重要的角色。

　　人家尽枕河，水巷小桥多。曾经，南通城里大大小小的桥梁连接起了河畔的弄堂、街道，它们繁荣了经济，促进了交往，也孕育了这座城市的文化。

　　南通的桥，最为人们所熟知的无疑是濠河上的六座桥——长桥、和平桥、友谊桥、北濠桥、文化宫桥和公园桥。自后周显德五年（958年）南通城建成起，这些桥所圈起的"六桥之里"，即1.1平方公里的范围，一直都是这座城市的中心区域。在很长一段时间内，南通都有"六桥之里为城区、六桥之外为郊区"的说法。

　　这六座桥，四座位于老南通城城门口，是为跨越护城河而建，其中北门早就不存在了，北濠桥连接的是北城根。南门方向除了长桥之

濠河六桥分布示意图

外，近代还在西南和东南分别建了两座桥，也就是现在的文化宫桥和人民公园桥。

六桥之中，以长桥知名度最高。南通人有句俗语叫"长桥不长，狼山没狼"。早在元至元二年（1336年），南通人周茂就在南城门外的濠河上建造了一座木桥，这便是长桥的前身。后来，从明清直至新中国成立后，都有对长桥的改建。1996年，南大街拓宽改造时，老桥被拆除重建，一度更名为中远桥。但是，大多数南通人还是习惯于将它叫作长桥。

长桥的名称，在通城老百姓心中有着一份沉甸甸的分量。从始建到如今，长桥已经历了700余年的风雨沧桑，它留下了多少匆匆的脚步，铭记过多少辚辚的车辙，又见证过多少历史的风云。新建桥梁的宽度达到了30多米，为长度的两倍多，但南通人还是认它为"长桥"。的确，长桥的长度不是单纯用尺子丈量出来的，它记载的是一段长长的过往岁月。

和平桥始建于明朝初年，那时候，它是南通城西城门外护城河上的一座木吊桥。直到民国初年大修时，这座木桥都是进出南通城西的重要通道。

旧时，和平桥一带是南通城颇为繁华的去处。在古代，通州西城

门叫来恩门，上级官员前来巡视，以及新官上任，都是从此门进入南通城的，一时多少恩宠集于一身啊。在很长的一段时间内，和平桥东西两头还是南通城里商业密集的区域，商贾云集、店铺林立。桥下的小码头又是水陆交通的枢纽，客货运输十分繁忙。因此，南通人有"富西门"之说。

建于明朝初年的友谊桥，原是南通东城门外的木质吊桥，故名东吊桥，又名百子桥。民国年间，改为混凝土拱桥；1959 年，又改建为单孔石拱桥。20 世纪 80 年代末，在拓宽人民路时，友谊桥的两侧分别加建了十多米宽的混凝土板桥，这使桥宽达到了近 40 米。2010 年 5 月，友谊桥再一次进行了拓宽改造。横跨于东濠河上的友谊桥，恰似一座分水岭，将波光激滟的东濠河分成了南北两个部分——南幽而北畅。

南通有句老话，叫"通州无北门"。其实，在南通城刚刚建成的时候，通州是有北门的，并设壮健营镇守。只是由于这一带荒疏萧瑟，而又

时有盗匪作乱，到宋政和三年（1113 年），郡守郭凝干脆派人将北门堵塞。从此，通州才没了北门。

此后八百多年间，在那些秋水共长天一色的清晨，落霞与孤鹜齐飞的黄昏，天宁寺的晨钟暮鼓里，浩浩汤汤的北濠河上，只有苇叶摇曳的风声和渡口艄公孤独的身影。

1964 年，北濠河上终于撤渡建桥，是谓北濠桥。那时的北濠桥是一座人行便桥，宽不过 4 米，水中的土墩将桥分成南北两段。北濠河里的这座土墩，在古代有个极雅致的名字叫"沚"，它是唐代以前南通还处于胡逗洲时期的地质遗存。21 世纪初，南通市政府对北濠桥进行了重建，拆除了桥中的土墩．新建的北濠桥长达 200 米，五个桥孔，外观甚是壮美。

濠河上还有文化宫桥和公园桥，它们都始建于民国初期，是张謇先生进行城市规划时的遗存。文化宫桥，旧名公园二桥，始建于 1917 年，

公园桥水面部分

是连接北公园与东公园的主要通道。刚建成时，里人顾剑坡写有一首杂咏诗云："原来画图本天生，谁倩良工影摄真。第二桥头栏独倚，看侬也是画中人。"这诗立意与卞之琳那首《断章》相似。诗中的第二桥，即如今的文化宫桥。

1951 年，南通人在北公园旧址上建起了劳动人民文化宫，公园二桥被改建成钢筋混凝土桥，桥名也改为文化宫桥。20 世纪末，文化宫桥拆除重建。现在的文化宫桥，长 48 米，宽 18 米，气派与当年的"二桥"不可同日而语。但站在桥头远眺，景色依旧宜人。

公园桥位于当年南城门的东侧，这里的公园指的是南通博物苑的一部分——曾经的人民公园，是南通人休闲娱乐的一个乐园。这座桥始建于 20 世纪初张謇先生创办南通博物苑之后，是为了方便市民和学生来博物苑参观而建的一座木桥，时称"博物苑桥"。1964 年，改建成钢筋混凝土的板桥。2009 年，配合环城东路的改造，公园桥彻底升级换代了。新的公园桥造型新颖，入夜华灯竞放，为南濠河增添了魅力。桥南侧滨水步道旁，有展示张謇先生业绩的大型浮雕《强国梦痕》。

今天，濠河上的这些桥梁早已旧貌换新颜，成为城市主干道的一部分。但是，它们所承载的那段历史，依然留在一代代南通人的记忆深处。

大生档案：亚太记忆纸上留

这是一部历经沧桑的珍贵档案，记录着先贤张謇的创业历程，收藏于南通市档案馆库房之中，如今成为亚太地区人民的共同记忆。

2022年11月26日，从韩国安东传来喜讯，南通市档案馆馆藏"大生纱厂创办初期档案（1896~1907）"成功入选《世界记忆亚太名录》。

我国入选世界记忆亚太名录的，截至目前仅有14项。《大生档案》能够比肩那些绝世典籍，究竟有着怎样独特价值？它的背后又隐藏着什么样的历史印迹？

1895年秋天，一位42岁的中年士绅在南通城西北15里的唐家闸画了一个圈。有人认得他，就是前一年在恩科殿试中大魁天下的新科状元张謇。那一年农历八月，因守制在家的张謇受署理两江总督张之洞的委派，在家乡南通筹办纱厂。自此，张謇踏上了实业救国的漫漫求索路。

1896年1月22日，一封由六名董事联名的《遵办通海纱丝厂禀》，呈递给南洋大臣张之洞。这是目前能看到的最早的大生纱厂文件，多年以后，成为大生万卷档案中的第一篇。

其中提到："拟在通州城西唐家闸地方水口近便之处，建立机厂，拟名大生。"张謇给纱厂取名"大生"，源自《周易》中的"天地之大德曰生"，彰显了他心系民生的人文情怀。大生纱厂落子于唐闸，包含着张謇改造乡村的愿景和自觉承担社会责任的担当。从此，长江边，运河畔，一座近代工业重镇迅速崛起。

大生档案能够自始至终得以存续，与创始人张謇强烈的档案意识分不开。张謇年轻时，曾先后在原通州知州、后调任江宁发审局的孙云

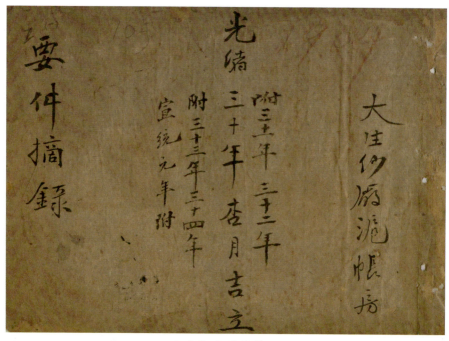

大生档案原件封面

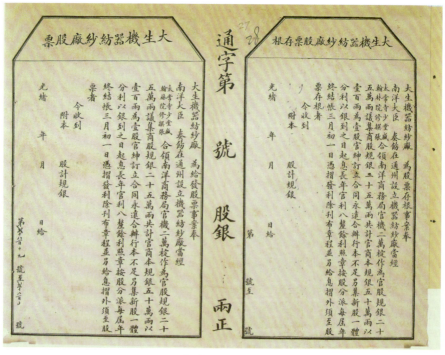

大生纱厂股票

锦淮军名将吴长庆处当过幕僚。幕僚相当于私人秘书，也是兼职的档案管理员。因此，他深知档案工作的重要性。张謇1897年起草，1899年定稿的大生纱厂《厂约》中，明确银钱账目董事为档案管理负责人，从筹备之始就重视档案的积累和保存。

目前南通市档案馆珍藏着大生档案近万卷，其中最具价值的当属《大生纱厂创办初期档案（1896~1907）》，这些卷宗将百多年前的那一段风云尽收其中。

这批档案共205卷，形成于1896~1907年，包含手稿、账册、地图等，是大生纱厂在早期的生产、经营和管理活动中自然形成的历史记录，全面、系统地反映了大生纱厂从1895年筹办、集股以及到1899年开工、盈利，直到1907年召开第一次股东会议的全过程。众多学者认为，1907年是大生企业发展史上的重要节点。这一年召开的大生纱厂第一次股东会议，标志着企业股份制运行的规范化。

从张謇先生创办大生纱厂至今，一百二十多年的时间里，企业的生产经营从未中断过。因此，作为历史记录的企业档案也相应形成并被保管下来。南通市档案馆珍藏大生档案近万卷，之所以选取其中1896~1907年的档案申报世界记忆亚太名录，是因为这部分体现了大生纱厂从无到有及按照现代企业规范运营的创业过程，是大生档案最初也是最珍贵的一部分。

说到大生档案，必须回望"大生沪所"，即大生驻沪事务所。可以说，如果没有这个大生企业设立于上海的窗口，我们今天便无法看到如此完备的大生早期档案。

理论上，大生系统各个单位都会形成相应的档案。但是由于战争等原因，张謇在南通所创立的企事业单位，如大生纱厂、通海垦牧公司等，其档案绝大部分都不存于世。而立足于上海滩的大生沪所，它的档案历经了岁月的洗礼、幸运地躲过战火留存了下来。

大生沪所早在1896年就设立，最初称为大生上海公所，附设于上海广丰洋行。1918年，大生纱厂在上海九江路自建四层大楼，命名为南通大厦。

位于上海九江路的大生沪所

　　大生沪所参与了大生纱厂的筹备过程，因此保存了大生纱厂创办初期的档案。随着张謇所创事业的逐步推进，大生沪所的地位也日渐提升，最终成为整个大生系统的管理中心。因而，大生沪所保存下来的档案，基本涉及大生系统的方方面面，而核心内容是纺织和盐垦。

　　新中国成立前夕，当时的大生掌门人张敬礼选择留在大陆，为南通社会经济的恢复发展保存了根基。大生档案因此很快发挥了作用，为公私合营的顺利进行创造了条件。

　　1953年，大生沪所存留档案的大部分，从上海运到南通大生一厂。1962年3月，大生档案移交给南通市档案馆。20世纪80年代对外开放，这批档案随着时代发展有了新的历史价值。

大生档案通过几代人的接力保护，从企业资源转化为社会记忆，成为研究中国近代史、张謇的企业家精神和家国情怀的重要文献资料。

1962 年，历史学家章开沅来到南通使用过大生档案，写出《开拓者的足迹——张謇传稿》，成为张謇研究的扛鼎之作。两院院士吴良镛通过查阅相关档案和实地探访，提出了"南通堪称'中国近代第一城'"的论断。

大生档案申报世界记忆亚太名录时，百岁老人吴良镛与两位研究大生档案写出代表性专著的学者虞和平、田彤一起，欣然出任南通申报该名录的顾问。

《大生纱厂创办初期档案（1896~1907）》因何脱颖而出，从一个地方企业的资料成为世界民众共同的历史记忆？

众多专家认定，大生纱厂创办初期档案是一个自成系统的完整性历史文献，其价值已经超过单纯的企业史而富于多元的意义。

华中师范大学教授田彤认

大生纱厂蓝色魁星商标

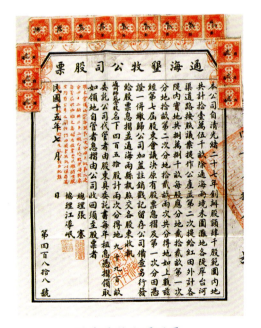

通海垦牧公司股票

29

为，这部分大生档案的独特价值在于，记载了张謇实践创新与社会责任并重的现代企业家精神的终极思考，张謇开创了企业不仅追求利润，而且关心改善社会状况的发展新路径，是珍稀、不可替代的文献，其消失或损坏将对亚洲记忆及世界记忆产生不可估量的损失。

大生纱厂创办初期档案在国际工业发展史上非常稀有。其中，大生纱厂1897年发行的股票，是中国近代企业最早的股票之一。1901年发行的通海垦牧公司股票，是中国第一家农业股份制企业股票。

从现存的大生档案看，有不少张謇发出的函电留下的底稿。这些手迹集馆阁体、行草、行楷等书体，尽显中国传统书法艺术的审美价值。此外，档案中的股票、厂房设计图纸、商标等，彰显了中国近代工业美学的风格。

《大生纱厂创办初期档案（1896~1907）》因其独特性和稀有性，2002年入选了首批《中国档案文献遗产名录》。二十年后，它又入选了《世界记忆亚太地区名录》。

张謇嫡孙、时年94岁的张绪武先生获悉此消息后感言，在这批档案的保管、宣传和研究上，几代档案工作者辛勤工作，默默耕耘，为保存珍贵的历史记忆做出了杰出贡献。

Tips

入选世界记忆亚太名录有多难？

1992年，联合国教科文组织发起世界记忆工程，该工程亚太地区委员会2008年建立了《世界记忆亚太地区名录》，每两年评审一次。在安东会议之前，我国只有12个珍稀文献榜上有名，其中包括《本草纲目》《黄帝内经》《孔子世家明清文书档案》等脍炙人口的经典文献。

话剧之乡：百年舞台谱风华

1919 年，当五四运动的疾风吹遍神州大地，偏居江北的南通城也感受到新文化的浪潮澎湃而起。南通的文化发展伴随近代工商业文明起步较早，拥有着肥沃的文化变革的土壤。此时，新文化的种子已到了破土萌发之时。

这一年，南通有三大文化景象值得铭记的，一是这年 5 月由留美青年卢寿联与张謇、程龄荪、朱庆澜等名流联手，在南通创建了中国影片制造股份有限公司，使南通成为中国电影四大发源地之一（另三个城市为京沪港）；二是这年秋天，张謇所创办中国第一所现代戏剧学校伶工学社在南通的城南正式开学；三是坐拥国内一流设施的更俗剧场，也于重阳节在桃坞路西端闪亮开场。

话剧《张謇》剧照

赵丹与"小小剧社"小伙伴们的雕塑

　　百年之后，南通已经享有"话剧之乡"的美誉。回望其滥觞之时，1919 年应该是一个重要的起点。这一年的"三大文化景象"互相依存、推动，而伶工学社对南通话剧的兴起功不可没。

　　张謇明确提出，"实业可振兴经济，教育能启发民智，而戏剧不仅繁荣实业，抑且补助教育之不足"，这成了他创办伶工学社的动因。而主持伶工学社教学的欧阳予倩，根据这样的理念，将现代话剧带入南通。欧阳予倩是中国现代话剧的创始人之一，他为伶工学社所设置的课程中，就有新剧（话剧）。

　　欧阳予倩为学员们编写、排演了新戏五幕悲剧《玉润珠圆》、三幕剧《长夜》及《哀鸿泪》《和平的血》等。每逢新戏，伶工学社人员全体合演。在更俗剧场的舞台上，这些话剧令南通观众耳目一新。

　　当时在更俗看戏的观众中，有一位孩子的话剧艺术梦想被点燃。

1927年5月，北伐军到南通后，通师剧团在更俗剧场的欢迎会上演出了话剧《革命血》。当时12岁的小学生赵凤翱在剧中客串了一个小孩角色，在舞台上崭露头角。后来，赵凤翱与小伙伴们成立了"小小剧社"，在他父亲开办的新新大戏院演出原创话剧，一时轰动南通城。他进入上海电影圈后有了一个家喻户晓的名字，叫赵丹。

赵丹与小小剧社的创作实践，是20世纪30年代前后南通话剧艺术发展的一个缩影。新民剧社的成员有施春瘦（史白）、吴天石、顾民元等，大都是通师、女师的学生，还有一些小学教员、社会青年，他们经常活动的地点在东公园内的民众教育馆。

1930年2月，新民剧社邀请了上海艺术剧社和摩登剧社来南通联合演出，演员有左明、郑君里、王莹、刘保罗等。他们在南通演出了《悭吝人》《梁上君子》《父归》等剧，扩大了左翼戏剧运动的影响，促使南通话剧运动发生了质变。从此，新民剧社与上海左翼剧联建立了关系，成为左翼戏剧运动中的一个分支。

20世纪30年代初，在抗日救亡运动中的南通舞台上，赵丹、顾而已、朱今明、钱千里等为骨干的小小剧社非常活跃。他们曾演出了田汉创作的话剧《乱钟》《南归》等，很受观众欢迎。1932年2月，小小剧社公演了《民族之光》《决心》等五个戏，宣传抗日救亡思想。

在共产党的领导下，新民、小小、振声、通师四个剧团于1933年元旦成立了剧联，并首次联合公演反帝剧目《战友》《SOS》《除夕》《姐姐》。1933年6月，由施春瘦主导，新民和小小剧社联合排演了洪深创作的独幕话剧《五奎桥》。正当观众入场时，反动政府采用强制手段不许演出，剧社被封闭。此后，赵丹、顾而已等去上海继续参加戏剧活动，顾民元、理朴等走上革命道路。

在当时涌现的南通话剧演员中，江村与赵丹齐名。在《五奎桥》剧中，赵丹任导演，并饰主角周乡绅；江村剧中也演了一个角色。这是他俩最初的接触，也是第一次合作。之后，这两位话剧舞台上的英才，从此天各一方。江村艺术成就达到巅峰，是在抗战大后方重庆的舞台上。周恩来看了《北京人》演出后称赞道："江村扮演的曾文清，把曾

话剧《索玛花盛开的地方》剧照（获江苏省文华大奖）

的文弱和书卷气都刻画出来了，令人信服。"令人痛惜的是，1944年5月，27岁的江村英年早逝，如同一颗流星划过长空。

1933年4月，现代作家刘大杰有一趟南通之行，留下洋洋万言的散文《绿杨城》等作品，其中也从侧面反映出当时南通话剧的发展状况。刘大杰写了一个独幕话剧《她病了》，此行是应南通梅花剧社邀约，专程来通观摩并指导剧社公演此作品的。

当时南通的话剧运动的面貌，尤其是几位女演员的大胆表演，使他感到出乎意料的"惊讶"。《她病了》一剧曾在好几个地方公演过，但其他剧团的演出均告失败，原因是"女演员的胆子小"。南通梅花剧社的演出，虽然也是男女合演，但演员们"都能很体贴剧情，能够把剧里的精神呈现出来"。尤其是"女主角密斯刘，态度、说话、服装、性格，都很和剧本里的薛碧云女士相宜。她表演的时候，好像完全忘记了她自己是在做戏，那么认真，那么热情地，在那里体贴剧本里的人物的个性与动作"。这使得剧作者刘大杰非常振奋。

"一二·九"运动兴起后，在抗日救亡的旗帜下，南通话剧的声势更大，舞台从剧场走向街头、工厂和农村。《亡国痛》《放下你的鞭子》《雷雨》《孔雀东南飞》等话剧，在南通城乡各地激情上演。南通城沦陷于日寇铁蹄之后，南通的文艺青年将话剧带到敌后的农村，特别是1940年新四军东进之后，南通的话剧在江海大地生根开花。像史白编导的五幕话剧《游击队的成长》及一批独幕剧，就在苏中根据地产生了强烈反响。

中华人民共和国成立后，得益于"话剧之乡"的浸润，南通市话剧团一直保持着较高水准，并拥有一批颇具实力的编、导、演，能照搬照演如《甲午海战》《万水千山》《陈毅市长》和《红岩》这样的大戏。但由于缺乏原创力，如何展现"话剧之乡"的新辉煌，成了几代南通文艺工作者的期盼。

近年来，南通着力打造深具地域特色的"话剧之乡"文化品牌，重创排了《张謇》《锦江传奇·董竹君》《解冻》《索玛花盛开的地方》《英雄归来》《张謇传》《沧桑巨变——我们的卧鱼岛》等一批思想性和艺术性兼具、群众喜闻乐见的优秀话剧作品，多次获国家及省市级奖项。其中，《张謇》以地方队的班底，实现了国家艺术基金"大满贯"。《索玛花盛开的地方》获2021第五届江苏省文华大奖。

南通的百年话剧舞台弦歌不辍，"话剧之乡"的文化品牌正越擦越亮。

南通菊花：满城飘香秋意浓

崇川是一处"开门见山"的主城区。"采菊东篱下，悠然见南山"，就是崇川人真实生活的写照。经过一代代志在创新、精益求精的菊艺传人的不懈追求，以崇川区为主要代表的南通菊花，已经悄然成为南通城市形象不可或缺的一部分。

在历史上，崇川福地素有赏菊的传统，南通历代养菊精英用心血和汗水培育出各种各样赏心悦目的菊花。明嘉靖年间的《通州志》开始记载菊花，万历年间《通州志》特地夹注菊"百种"。清乾隆年间所刊《海曲拾遗》，记载了当年的种菊方法，对时人赏菊盛况进行了描述："州城（在今崇川区）西南人家半就废宅隙地，种菊索值。重阳前，富贵之家每先自定花，系牌为志。至期，篮挑舟载，纷纷恐后不及；茶肆

紫琅系列菊花新品

南通菊艺大师精心布展

酒庐，莫不争购，以博清赏。是亦小扬州花市也。"

清代李琪的《崇川竹枝词》则展现了一幅秋意盎然的菊花图："城南丛菊种为田，篱落家家带暮烟；东寺晚风西寺雨，数行人影杪秋天。"

清末状元张謇亦雇专人，辟专圃，种植菊花，在崇川区留下了诸多种菊赏菊佳话。在南公园千龄观前，每年秋天都举行赏菊展览会，供市民游览。在南通博物苑里，栽植了当时名贵的意大利白色除虫菊。在博物苑西南角，种植桂花、秋海棠和菊花，命名为秋色坪。张謇先生住宅濠南别业，每逢秋季菊花盛开时，必在三楼大厅堆砌菊花山，各种菊花五彩缤纷，形态各异，美不胜收。

新中国成立后，南通城区的菊花有了较大发展，品种曾达到600多种。群众家里房前屋后种菊相当普遍，各机关、单位、工厂、学校大都有花房和花圃，有专业技术人员养植菊花，举办菊展。菊花栽培也由原来单一的"多头菊"发展到"大立菊""悬崖菊""独本菊""塔菊""扎景菊"等多种艺术造型。

　　1982 年 8 月 20 日，南通市七届人大常委会第十六次会议根据市政府的建议，决定以菊花为南通市市花。

　　在政府重视和有关部门努力下，崇川的菊花种植得到快速发展。在唐闸公园建立了菊花基地，每年都举办菊花栽培技术培训和菊花知识讲座，印发养菊知识手册和菊花栽培讲义。

　　1982 年，凌良梅来到唐闸公园，负责创建南通市花（菊花）品种基地。她全面负责基地的技术工作，与基地科研团队一起，搜集、保存国内外菊花品种 1600 多个，使基地成为全国集中保存菊花品种最多、保存制度最为科学的国家级品种基地。凌良梅本人成为高级工程师，先后担任中国菊花学会理事、常务理事、名誉理事，她的论文获评国家科委科技论文二等奖。

　　中国菊艺大师陆建山、顾艳夫妇在菊花的品种搜集、保存、栽

一年一度的菊花展是南通人的"嘉年华"

培方面，拥有炉火纯青的技艺。陆建山培育的菊花先后参加国际、全国大赛11次，获得奖牌100多枚，其中金牌19枚。陆建山本人获得全国"五一劳动奖章"，并被同行称为"菊花状元"。顾艳所培养的艺菊在造型和创意上都有所创新，在反季节菊花的科研中取得了突破，通过短日照处理栽培和长日照处理栽培相互作用，使唐闸公园的菊花一年四季都能盛开。

每年菊展时，我国传统珍稀菊花品种"绿牡丹""绿衣红裳""十丈珠帘"，外来品种"粉女王""岸回十六夜""国华新照""国华皇中"，自育新品种"墨王""桃李含笑""濠河月色""江海奔腾"等，都绽放出迷人的光彩。

位于南通植物园内的盆景园

通派盆景：蛟龙串云写传奇

　　在狼山国家森林公园内的南通植物园中，收藏着数百盆通派盆景代表作，这些盆景以"庄严雄伟"著称。把它们按着年代排序，就如同一部百科全书，讲述着通派盆景源远流长的故事。

　　通派盆景的常见树种有五针松、白皮黄杨、重瓣六月雪、罗汉松等。罗汉松中的雀舌罗汉松，在通派盆景中最具盛名。产自崇川的盆景"蛟龙串云"是通派雀舌罗汉松盆景的"祖树"。

自然界的小叶罗汉松，产于我国广西、广东南部，海南岛琼中、白沙、保亭及陵水海拔 700~1200 米的山地，云南东南部海拔 1000~1200 米地带，菲律宾、印度尼西亚也有分布。中西文化交融赋予罗汉和罗汉松特殊含义，佛教中的罗汉是福祉的象征，中国传统文化中四季常青的罗汉松具有生旺增财的意义。因此。众多中国庙宇都有种植罗汉松的传统。

　　明嘉靖年间（1522~1566 年），狼山法聚庵（即传说中的三贤祠）的方丈将半山腰的小叶罗汉松移栽入盆栽培，命名为"蛟龙串云"。经七代高僧接力去"秋头"留"春头"精剪细扎，叶片越来越小，最终形成酷似麻雀舌头的叶片，很好地达成了盆景艺术"缩尺成寸""小中见大"的效果。后人将这种改良驯化的栽培品种命名为"雀舌罗汉松"。

　　在近代，崇川堪称中国近代盆景教育的发祥地。张謇先生在经营南通时，"蛟龙串云"又与他结缘。1905 年，张謇在狼山北麓建设了林溪精舍，特地将"蛟龙串云"移入精舍珍藏。

通派盆景精品

41

别具一格的通派盆景

张謇还在南通学院（今崇川区濠河之滨）开设农科，聘请动植物专家尤其伟教授任教，同时聘请盆景艺人金保生、杨甫之等讲授盆景技艺，首开盆景艺术进入高等教育的先河。农科的学生中，有印象初等四位院士，还包括新中国盆景艺术的开拓者、中国盆景学会第一、二任理事长徐晓白教授。

中华人民共和国成立后，通派盆景得到了发扬光大，老一辈盆景艺术家对后辈倾囊相授。其中，朱虹秋先生在东南濠河畔的人民公园（今南通博物苑园林部）养护"蛟龙串云""玉宇琼楼"等通派盆景精品，并传授予邵建堂、苏均沂、张宏清等弟子。老一辈盆景艺术家朱宝祥先生则在西南濠河畔的南通文化宫向工人群众传授盆景艺术，经介绍，孔军、钱国柱等多位弟子拜师门下。

朱宝祥先生创造性地继承了南通盆景坐地弯、起手弯（第二弯）和半弯的传统技术，在盆景造型上总结出"满、残、清、奇、古、怪"

的"选材六字诀"。他还推出了一套独树一帜、章法严谨、环环相扣的"贴骨棕"棕法，避免了密如蛛网的套棕法。1989年，朱宝祥被国家建设部城建司、中国风景园林学会、中国花卉盆景协会首批授予中国盆景艺术大师荣誉称号。

在追求盆景技术的同时，朱宝祥将通派盆景由技术层面提升到艺术层面。他创作的树桩盆景"源远流长"用顿节传统技艺，以悬崖式大飘片展现了"飞流直下三千尺"的意境，抒发了作者对中华民族悠久文明史的热爱；作品"五本同根"，用一盆五棵、一根相串的丛林式瓜子黄杨布局，展现了多元一体的团结的力量。

中华人民共和国成立十周年时创作的盆景"巍然屹立"，是用一株二百余年的树桩做爬根处理，隆起的根爪虬曲如铁，斜势主干苍动古朴，气势磅礴，展示了中华民族屹立于世界东方的气概。这件作品在参加全国盆景展览后，获得各方好评，被选为《盆景艺术展览》一书的封面。

近年来，通派盆景艺术后继有人。中国盆景艺术大师吕坚的微型盆景在圈内享有很高声誉；江苏省（盆景）技能大师陈志祥的代表作"龙腾虎跃"，在中国北京世界园艺博览会中获得特等奖；市级通派盆景技艺传承人朱锦棠、曹旭等人，以及顾锦炎、谢桂华等不断创新，新作涌现。相信在他们引领下，通派盆景传统技艺必定会走向新的辉煌。

梅庵琴派：古韵幽雅觅知音

近百年前，梅庵琴派在南通寺街的古老巷陌生根发芽。作为中国古琴艺术的重要流派之一，20世纪20年代开始传播风靡全国，现已被列入联合国人类口头和非物质文化遗产代表作名录、国家级非物质文化遗产代表性项目。

从寺街走出的徐立孙，名列中国当代四大古琴家之一，他与同乡邵大苏先后负笈金陵，拜古琴界一代宗师王燕卿为师。徐、邵回乡后创办了梅庵琴社，使这一古琴绝技自成一派，并发展为影响力遍及全球的重要流派。

徐立孙（1897~1969年），名卓，世居南通寺街59号。他是国学大师徐益修的六弟，但比这位长兄足足小了20岁。

徐立孙幼年丧父，由长兄徐益修哺育成长，深受其教诲和熏陶，自幼喜欢音律。1916年，前往南京高等师范学校求学。

当时南京高师的校长是张謇先生的得意门生、曾协助创办通州师范的江谦。江谦重视美育，倡导国乐，他聘请了李叔同、周玲荪教授西乐，并请来诸城古琴大师王燕卿（号宾鲁）、海门琵琶大师沈肇州（字绍周）传授国乐。

原本进校读农科的徐立孙，却走进了音乐的殿堂。他拜王燕卿为师学古琴，又跟随沈肇州学琵琶，皆悉心钻研，逐渐融会贯通。四年时间内，徐立孙以极高的悟性掌握了诸城古琴、瀛洲琵琶的精髓。

1920年夏，徐立孙赴安庆女子师范任教。同年秋天，上海举行了一次全国古琴名门云集的晨风庐琴会，徐立孙从安庆赶来随恩师共赴盛会。其间各门派尽显技艺，王燕卿一一为徐立孙指点，使其眼界大开。

1922年，徐立孙回到家乡南通，先后在通中、通师任教。当时王燕卿已去世，梅庵琴古琴艺术的中心从南京转移到南通。1929年，徐立孙与邵大苏组织梅庵琴社，向青年传授古琴、琵琶等，优者有南通人杨泽章、陈心园、夏沛霖和镇江人刘琴子、吕德宽等。后来经这些弟子再传授，生徒愈众。随着《梅庵琴谱》的刊印，20世纪30年代起，终在古琴界树立梅庵琴派，影响海内外。《梅庵琴谱》也

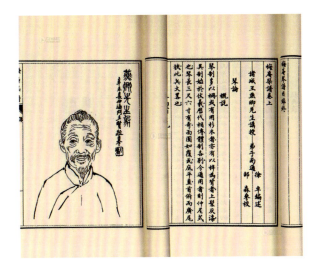

梅庵琴谱

《关山月》琴谱

成为九十多年来翻印次数最多、流传最广、影响最大的琴谱。

1938年春，日寇侵占南通城，徐立孙携带全家下乡避难。徐立孙在兴仁乡挹爽园作《月上梧桐》曲，正值好友邵大苏染时疫不幸去世，遂将此曲寄托对好友的怀念。当时生活虽然极为艰苦，徐立孙仍不忘古琴事业，将音律大意重加增订，参考历代乐书撰成概要九章，定名为《律吕考释》。

百人古琴齐奏《唱支山歌给党听》

梅庵琴派传承人之一徐毅指导以色列大学生弹奏古琴

　　1940 年年底，新四军东进通海地区，徐立孙参加抗日民主政府工作，任南通县参议会副参议长，并送长子徐龚（后改名徐鹰）参加新四军部队。

　　中华人民共和国成立后，徐立孙到南通师范、南通医学院任教，但他仍不忘梅庵琴派的传播。中央民族音乐研究所为之录音存档，他所编辑整理的《梅庵琴谱》，以及撰写的《月上梧桐》等谱曲，均刊印问世，在古琴爱好者中产生了巨大影响。

1953 年，徐立孙在北京参加全国音乐周，与管平湖、查阜西、吴景略被誉为全国四大古琴家。1956 年，徐立孙再度应邀参加全国音乐周。他以一曲《捣衣》赢得普遍好评，被赞之"为琴坛增色不少"。

1958 年，徐立孙又应中国音协之请，给古曲《广陵散》打谱。在打谱中，他探索研、译绝响之古谱的方法，参考抗战前查阜西的"打谱犹如陈设家具"之说，遂撰《试弹〈广陵散〉的初步体验》，从而使以徐立孙为首的梅庵琴派名闻海内外。徐立孙的弟子吴宗汉南下香港传播梅庵琴学。后移居海外，促成英文版《梅庵琴谱》的诞生。

1958 年 9 月，刘少奇到南通视察时，徐立孙曾到南公园饭店为刘少奇一行弹奏一曲。

1966 年"文革"开始后，徐立孙身心受到严重摧残，于 1969 年 12 月因病去世，终年 73 岁。

邵森，字大苏，号樗庵，1898 年生于南通书香世家，为北宋诗人、理学家邵雍的后人。邵大苏为梅庵琴社创始人之一，也是邵氏梅庵古琴世家的起始人。

当年，获悉南京高等师范学校校长江谦聘请了诸城古琴大师王燕卿先生到校，以社团形式传授古琴，学生只要报名即可参加。远在南通的邵大苏立即报名参加学习，并与已在该校农业专修科复学（因病休学）的同乡、挚友徐立孙一起携手学琴。数年内，尽得王燕卿先生心传，成为其衣钵弟子。

1921 年，王燕卿先生重病缠身，移居南京山东会馆。此时徐立孙已毕业离校，邵大苏一个人承担起了照顾恩师的重担。每日放学后，他不顾路途遥远，不管刮风下雨，都赶去送医送药，端茶送水，照料先生。王燕卿先生逝世后，邵大苏与恩师的同乡一同料理丧葬事宜，遵遗命将恩师葬于南京清凉山麓。

邵大苏利用寒暑假返回南通，和徐立孙一起，将王燕卿先生的遗著《龙吟馆（观）残谱》重为编校，至 1923 年夏编成两卷，易名为《梅

梅庵派古琴艺术贺新春活动

庵琴谱》。 1929 年夏，徐立孙与邵大苏创立梅庵琴社，倡导梅庵琴学。

　　1931 年秋，历经八年的努力，《梅庵琴谱》终于问世。追随徐立孙
与邵大苏学琴的弟子越来越多，为梅庵琴派日后名扬世界奠定了基础。

邵大苏家为两进八间带前后天井的青砖黛瓦平房，环境幽静，古意盎然，墙上挂着蔡元培先生赠送给邵大苏的对联："开门不见好山多，信步偶遇流水去。"

在这个琴房雅室里，邵大苏与徐立孙指导学员琴艺。当时，徐立孙借住在邵大苏家的后宅，两家仅一墙之隔，故经常来此琴室操缦。点燃一炷香后，两人就开始在琴海里遨游。有时对弹切磋。更多的时候，则是与琴友纵论研究心得，来者常能获聆妙音及精辟见解，对习琴人教益良多。

邵大苏家的琴室成为当时通城的古琴沙龙。琴友们在琴室旁的大房间里，讨论制定琴谱，商量建立梅庵琴社有关事宜，将《龙吟馆（观）残稿》重为编述。此处是梅庵琴社的发源地之一，直至现今，常有国内外古琴大家前来寻根探访。

1937年，抗战爆发，邵大苏辞去南京交通部的职务，返回南通。次年3月南通城沦陷，他与徐立孙一起带着家人避居到南通县乡村。1938年夏，邵大苏不幸染霍乱罹难，终年41岁。

邵大苏的六个子女，从幼时开始，耳濡目染，潜移默化，于古琴乐曲，在琴学上都有所造诣。长子邵元复为承父志，在台湾成立了梅庵琴社，任社长，并为梅庵琴派的传承，编印了《增编梅庵琴谱》两册。邵元复传授的学生遍布海外各地，为梅庵琴派的流传竭尽全力。

梅庵琴派薪火传递，不绝如缕。除徐立孙之孙徐毅担任社长的南通梅庵琴社外，还成立有江苏镇江梦溪琴社、安徽合肥梅庵琴社、台湾台南梅庵琴社。

2002年2月，梅庵琴派艺术被列入第二批国家级非物质文化遗产名录。2009年5月30日，梅庵琴社举行迁入园博园典礼、纪念徐立孙先生逝世40周年暨北美梅庵琴社揭牌古琴雅集活动。北美也有了梅庵琴社，真是"新枝萌蘖方盛，琴韵正春时"。

目前，南通主要依托梅庵琴社、古琴研究会、大雅琴社3家传承基地开展传承保护工作。梅庵派古琴艺术现有市级以上代表性传承人11人，其中王永昌为国家级传承人，徐毅、倪诗韵为省级传承人。

沈绣传人创作新品

沈绣：针神绝学传百年

　　沈绣，由近代刺绣大师沈寿所开创。因其高度逼真的艺术效果，又被称为仿真绣。沈绣是沈寿在传统苏绣的基础上融进西洋美术技法所独创而成的刺绣技艺，由南通的女红传习所传之于世，成为南通工艺美术传承百年的瑰宝。2008 年，沈绣被列为国家级非物质文化遗产名录。近年来，沈绣更是多次作为国礼展现于世界舞台。

　　沈寿，原名云芝，字雪君，晚号雪宧。1874 年，出生于苏州吴县。"七岁弄针，八岁学绣，十一二窥涉文字，十四五绣名渐踔"。十六七岁时，成为驰名姑苏的刺绣高手。1903 年，学者俞樾在她的绣品上题下"针神"二字。

　　1904 年，沈寿绣了佛像等八幅作品，进献朝廷为慈禧太后庆贺七十大寿。慈禧极为满意，赐其"寿"字，遂易名沈寿。同年，沈寿受清朝政府委派远赴日本考察刺绣和绘画艺术。回国后，被朝廷任命为农工商部绣工科总教习。

沈寿受西洋油画和摄影艺术启发，突破了传统刺绣的局限，在光影、明暗、立体感上充分体现出神韵，显光弄色，参用写实，形成了独树一帜的仿真绣，在中国近代刺绣史上开创了一代新风。

辛亥革命后，绣工科停办。沈寿几乎同时收到两份聘书：一份来自四川，工资参照清廷原标准，每月白银二百两；另一份来自江北的南通，系状元实业家张謇（啬公）邀请，因为民企办社会事业的艰辛，仅能为沈寿开出每月白银五十两的薪酬。

沈寿毫不犹豫地选择了南通，因为她觉得"南通事业教育有方兴之气"，而她更钦佩张謇"先生则平日信为可持之人"，故来。

1914年9月，由张謇先生创办的中国第一所刺绣职业学校——南通女红传习所在濠河之滨诞生，沈寿任传习所所长，她的大姊沈立及

电视片所再现的女红传习所学艺场景

51

侄女沈粹缜一并前来任教。沈寿亲自培育了近百第一、第二代南通沈绣传人。她的作品《耶稣像》于1915年巴拿马世界博览会参展获得金奖，《意大利皇后像》作为国礼被赠予意大利皇家，并获得勋章。沈寿被誉为"世界美术家"。

沈寿将"绣魂"根植于崇川的山水之间。别具极强的悟性，专静的素养，洁净的习惯，勤勉的精神，是沈绣的基本要素。沈寿传授刺绣技艺，强调审势、配色、求光、肖神，达到令人惊艳的奇异效果。由于她的刻苦钻研，形成沈绣独特的体系。当年，张謇在上海、美国纽约第五大道等地设有绣织局，对外销售南通沈绣，女工传习所学员的作品由此蜚声海外。

由于积劳成疾，1921年6月，年仅48岁的沈寿辞世于通城，被

沈绣作品《玉兔》

观众走进"沈绣百年展"

安葬于南通长江边的马鞍山麓。

斯人已去，所幸留下一册绣谱。那是沈寿借住谦亭养病时，应张謇之请，回忆刺绣的方法与经验，由张謇笔录而成《雪宧绣谱》。1919年，即由南通翰墨林书局出版。《雪宧绣谱》是中国工艺美术史上第一部刺绣理论与实务相结合的专著，啬公此举，为后世抢救了一份珍贵的文化遗产。

"沈绣"之名，首见于张謇笔下。沈寿逝世后的1923年，有人持有四幅绣屏，猜想是沈寿所绣，请啬公做鉴定。啬公说："沈作翎毛，无不奕奕有神，栩栩欲活。此犹绣耳，非画绣也。然亦必出其高第弟子之手，足以追踪露香。"这篇《题沈绣》的短文，将这四幅绣屏作了评价，翎毛的绣作"奕奕有神，栩栩欲活"概括了沈绣的基本特征。

中华人民共和国成立后，沈绣迎来又一春。1959年，南通工艺美术研究所成立，沈绣得到了更好的传承保护。1992年5月，南通在女工传习所旧址基础上成立了沈寿艺术馆，馆内陈列着沈寿大师的生平文字和历史照片，藏有沈寿和嫡传弟子珍贵的刺绣实物，以及明清时期的民间刺绣藏品。由沈寿传人所绣的作品，多次被选为国礼赠送给外国元首政要，成为友谊合作的桥梁。

2020年5月1日，沈寿艺术馆更新升级，更名为南通市沈绣博物馆。在展陈之外，博物馆还专辟互动区，让大家亲身感受沈绣的神奇魅力，通过指尖的真实体验，推动"让文物活起来"。

漫步濠河之滨的沈绣博物馆，感受一代针神留下的绝世珍品，令人想起由周冰倩所唱的那一首《沈绣谣》："绣山山秀，绣水水流，江山如锦绣。"当年，沈寿曾在谦亭说过："（啬）公寿百年，谦亭百年，绣亦百年。"百年时光流逝，沈绣依旧青春。

Tips

沈绣之精妙

在绣制人物时，通常把一根丝线劈成两股，再把一股线分成八丝，还要把一丝分成几毫。在人物脸部和手足部，打底通常是三丝，中间两丝，上面用一丝来调，颜色不到位再用一毫来调和。层层叠叠，重叠加色，越到上面用线越细，最细的就是一根丝线的1/160了。按照光线变化规律，一针一线自由重叠，这样完成的一幅人物肖像刺绣，足足要用三十多层来绣制。

板鹞风筝：把交响乐放上天

　　一代代土生土长的南通人，童年记忆里都有"放鹞子"的场景。等风来，逆风奔跑，鹞子飞天，响声彻彻，"放鹞子"承载的是最淳朴的江海风情。

　　南通人说的"鹞子"，即是"板鹞"，又称"哨口风筝"。起源于北宋，千百年来一直传承发展于南通民间，经过岁月的风云流转，历久弥新。中国风筝素有"北鸢南鹞"之说，南通板鹞风筝制作技艺作为中国南派风筝代表作之一，极具地域文化特色，南通也由此成为全国四大风筝产地之一。2006 年，南通板鹞风筝制作技艺被列入国家级非物质文化遗产名录，成为一张闪亮的城市文化名片。

南通风筝博物馆

哨口也是工艺精品

　　风筝之所以被叫作风筝，它应该是乘风而飞的乐器。南通板鹞就完美地诠释了这一要义。和常见的风筝不同，南通板鹞上装载着能够迎风发出声音的哨口，称为"板鹞哨口"。

　　"哨"和"口"是分开来讲的。小的"哨"安在风筝的上方，其声悦耳嘹亮，多由栗壳等经桐油浸泡后制成；最大的是"口"，又叫"嗡声"，形同木桶，是雄浑深沉的重低音，一般由大葫芦制成，最大的可容水 60 千克。

　　大大小小的哨口交错排列，从上到下，分为高中低音，哨口越大，声音越低沉；其中，主哨是整个板鹞的灵魂，起领唱作用，上面的做和声。一旦放飞，"得风则鸣，其声随风抑扬"。

板鹞制作在南通乡间流传至今

改革开放之后，南通举办的国际风筝节引来了不少海外的放飞高手。他们第一次看到南通板鹞，听到它放飞后的完美声效，简直惊呆了。"空中交响乐"之名，通过这些国际友人之口，在海内外的风筝爱好者中不胫而走。

哨口的制作，是整个板鹞制作技艺中最关键的一环，需经过图纸设计、照样创作、选材、精细打磨、油漆上色等步骤。在南通板鹞风筝艺术博物馆内，珍藏着一只材料上乘、技艺绝佳的风筝——紫檀木微雕板鹞风筝，其上遍布着一颗颗犹如豆子样的小板鹞，最小的鹞体直径仅有5毫米，制作时甚至需持放大镜操作。这个"小不点"最终发出的声音，照样清脆、响亮。而大型的板鹞则高达3米，堪称风筝中的"巨无霸",放上天需要特别的技巧。这些年,在各种风筝大赛中总会出现这样的名场面:当一大群汉子抬着超大的板鹞上场,人群中就会发出一片惊呼,"南通来了!"

随着时代的变迁,板鹞风筝不断发展进化,呈现出千姿百态。传统的六角星模样的"六角板鹞",演变出七连星、十九连星;星角的颜色也变得丰富多彩,并开始在圆心与六角上彩绘神话故事、彩图等,以增强六角板鹞的美术效果。精巧的板鹞是一代代南通人劳动和智慧的结晶,亦是江海儿女对美好生活的向往和情感寄托。

南通现有板鹞风筝制作技艺国家级、省级、市级代表性传承人,共计22人。近年来,通过传承人送讲座、专题展览进校园等活动,南通板鹞逐渐走近青少年身边,让这一古老的非遗技艺生生不息,焕发时代光彩。目前,南通地区约有20万人爱好板鹞放飞运动,板鹞制作技艺高手数以万计。

除了致力于家门口的宣传,传承人们还携板鹞风筝"走出去",参加了扬州世界园艺博览会、上海世界博览会、第三届大运河文化旅游博览会、第五届中国非物质文化遗产传统技艺大展等,集中展示南通板鹞风筝,在与各地高手互动交流的同时,让古老的板鹞风筝飞得更高、"交响乐"更响亮。

蓝印花布：蓝白表情印乡愁

　　"蓝印花布"，作家祝勇在其《蓝印花布》里说，他喜欢这个词，因为"这个词不仅有色泽，还有温度，诱发的联想同时满足审美和温暖"。

　　工艺美术大师张仃先生来南通看过蓝印花布之后说，宁可欣赏一块蓝印花布，也不喜欢团龙五彩锦缎，因为蓝印花布有清新之气、自由之气、欣欣向荣之气。

蓝印花布是南通的文化标识

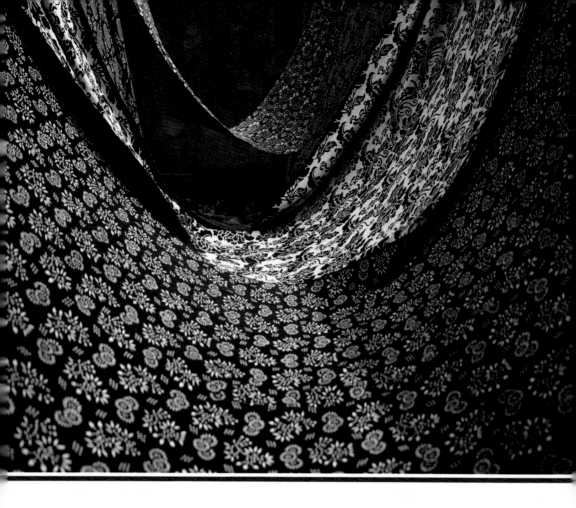

　　对民间工艺情有独钟的冯骥才说得更生动。他说：南通的吴元新称得上"蓝痴"，话语中每一分钟都要提到"蓝印花布"这四个字，他大概怕一不讲这四个字。蓝印花布就没了。

　　农耕时代，蓝白相间的花布在我国南方乡间的田野上闪耀千年。蓝印花布是从诞生之时起至今未曾断档的民间活化石，是一部仍然延续着的古典生活方式。

　　古书《夏小正》记载，"五月，启灌蓼蓝"，说的就是蓝印花布所用的植物染料蓝草。《齐民要术》《天工开物》等书中都有民间制作蓝印花布的记载。《光绪通州志》简明准确地描述了蓝印花布的制作工艺："种蓝成畦，五月刈曰头蓝，七月刈曰二蓝。罋一池水，汲水浸入石灰，搅千下，犀去水，即成靛，用以染布。"

　　蓝印花布盛于江苏，南通是中心产地之一。黄道婆时代，古通州

蓝印花布博物馆

的家庭纺织业亦已出现，蓝印花布在这里找到了它生存的土壤，深深地根植于南通人的生活之中。江海大地上，雪白的棉花，芬芳的蓝草，一代代作为原料蓬勃生长着。精巧图案、质朴的样式，也都在这方水土里滋润着。

隆隆作响的纺织洋机器，让一个个蓝坊淡出了江南。状元公张謇在江北开启了现代纺织的产业之门，但在南通乡间，家庭织机一直在按最古老的方式制作蓝印花布这些土布，至今未辍。2006年5月，南通获得中国民间文艺家协会授予的"中国蓝印花布之乡"的称号，也与这种数百年未间断的传承相关。蓝印花布是南通唯一被列入"江苏符号"的文化名片。2014年，南通蓝印花布被评为"国家地理标志保护产品"。

与别的城市只能在博物馆里看到蓝印花布不同，如果你漫步南通乡村的阡陌之上，你会听到运转了百年的老织机依然在咿咿呀呀地唱歌，闻到新染的蓝印花布沾着靛花浓郁的芳香，看到纯手工的布匹在阳光里洋溢着乡间的宁静和诗意。此时的你，会不会有一种莫名的悸动。仿佛穿越时空走进了"唧唧复唧唧"的古老岁月；又或者，回忆起孩提时代，在外婆家瞥见过这似曾相识的蓝白色调。

蓝印花布双鱼图案

据说，明清时期的南通地区，蓝印花布会贯穿一个女人一生。嫁妆里一定会有一两条蓝印花布的被面，那些百子图、龙凤呈祥的图案，是无言的祝福，也是实在的暖意。每一个女人的服饰少不了这蓝白相间的经典搭配，蓝色本身幽雅，一如水乡女子的温婉。经过靛蓝的浸染，显出白底蓝花或蓝底白花的南通蓝印花布，仿佛雨后新晴，蓝白分明，质地纯朴，有浮升的活泼，端庄不失其清秀。深沉的蓝，纯净的白，结合在一起，能变成青花瓷，也可变幻出蓝印花布。它真的就是乡愁的颜色。

值得一提的是，南通蓝印花布的复兴是在这个老行当普遍式微的大背景下逆流而上的。经过"破四旧"的涤荡，曾经衣被天下的蓝印花布在改革开放之初几近绝迹，全国的蓝印花布技艺传承人一度不足30人，几乎每天都会有几百甚至上千件蓝印花布在消失。

吴元新说生怕哪一天，蓝印花布没了，就是对蓝印花布技艺面临失传的忧虑。从17岁入行起，这个南通人行走于蓝白世界，凭借纺织之乡的底蕴支撑，开始了一场抢救蓝印花布的漫长历程。1996年，吴元新自筹资金创办了蓝印花布博物馆。

南通蓝印花布博物馆建馆二十多年来，在吴元新馆长的带领下，抢救保护了流失在民间的明清蓝印花布实物遗存56000件，180000个纹样,先后出版了《中国蓝印花布纹样大全》《中国传统民间印染技艺》《中国蓝印花布文化档案·南通卷》等十多部专著,创新的蓝印花布作品先后五度荣获国家级文艺大奖"山花奖"。

南通蓝印花布的原料土布、染料均来自乡村,工艺、设计来自民间,染布、裁剪的都是专门请来的老师傅。原汁原味的蓝印花布,重新走进当代视野里,已成为东方风韵的标识。遗世独立的典雅之美,终究难以被时光忘却。

蓝印花布的美是淘洗出来的美,它的制作是一门与时间有关的技术,是一次沉浸式体验。在蓝印花布博物馆,你可以亲手做一个属于自己的作品。哪怕是一方手帕,一条丝巾,都需要经过手工刻花板、刮浆、染色、刮白、晾晒等工序。与机器流水线不同的是,经过一刀一刀刻出来的线条,会让作品更有情感和温度,这也许就是非遗的独特魅力。

漫步濠滨水榭,置身蓝印世界,你会体验到蓝白之间一种质朴与自然素雅,洗涤了心灵。

Tips

南通蓝印花布博物馆

坐落于濠河畔的濠东绿地。带一些蓝印花布产品回家,是行走南通的印迹。博物馆内,真丝蓝印花布围巾、服装,蓝印花布包袋系列、家居系列、工艺品等陈列其中,可供参观者慢慢来淘。2022 年 8 月,南通蓝印花布博物馆成功入选江苏省十大网红非遗体验打卡地。

蓝染技艺：非遗变身成网红

从兰草到靛青

初春时节，阳光和煦，在崇川区陈桥街道艾蓝染色技艺馆，南通艾蓝染色技艺传承基地项目的发起人姜平，为来客讲述传统艾蓝染色技艺这一南通民间工艺绝活。

经由传统艺人精细利落的操作——夹缬、浸水、浸染、扎染、氧化……反复几次，不一会儿，一块普通的白织布变成了素雅的蓝印花。

蓝染工艺最大的特点在于，染料都是自己种植的。收割的蓝草经过浸泡、沤制、发酵变成蓝靛，做成染缸，成为纯天然的染料。而土壤、气候和雨水等条件决定了这里的蓼蓝无法被替代。

陈桥街道有着七百余年的种蓝制靛传统。当地种植的小蓝（又名蓼蓝、吴蓝），是世界五大蓝草中最优质品种。

据《通州志》及地方史记载，通州自古以"种蓝制靛"和"小缸青"技艺闻名全国，当地出产的"土靛"（即蓝靛、靛青），成为明、清两朝历代宫廷钦定贡品。清乾隆年间，闻名大江南北的"小缸青""如皋青"染色技艺，亦出自崇川和如皋一带。

陈桥地区既是中华优质蓼蓝品种的原产地，又是农家小缸青染色技艺保存最完好的乡村。当地农家生产的植物蓝染土布"粉蓝布"，成为明清年间南通历史上最具影响力的地方特产之一。

然而，由于历史原因，民间种蓝制靛染色技艺曾断失半个多世纪。十多年前，在姜平、龚建军等有心人的苦苦追寻下，在陈桥街道发现了最后一处未被历史完全湮没的"粉蓝布"传承村庄，追访到少数年近百岁的蓝染老艺人。蓝染这一中华民族传统技艺瑰宝得以抢、复活。

而今随着社会对生态环保的愈发重视，被淘汰的选择又被重新拾回。这两年，南通艾蓝染色技艺传承基地正在与中科院植物研究所、郑州大学、马里兰艺术学院等国内外院校、研究机构共同合作，探索传统艾蓝染色技艺在服装、家纺等行业中市场化、产业化运用。

2018年，中央电视台一套"家有传家宝"栏目《蓝靛花布美人间》，采访并播放"艾蓝染艺"基地的蓝草种植和田间染色画面。2020年，央视十套《花季中国》栏目播出南通艾蓝染色技艺基地的种蓝制靛专题片。此外，网红非遗大使李子柒也曾专门来基地探寻小缸青蓝染技

艺。2020 年 7 月，艾蓝染色技艺基地获南通市第四批非物质文化遗产传承基地称号。

如今，基地蓝草种植面积达 70 亩，筛选培育适宜当地生长的优质蓝草三大类计六个优良品种，掌握了"种蓝制靛"与"小缸青"蓝染的基本技艺，正在当地老艺人的指导下恢复传统"粉蓝布"染色技艺

历史上，陈桥一带是南通著名的蓝染之乡、棉产之乡和纺织之乡

这一杰出的民间工艺绝活，并建立了从蓝草播种、培植、收割、打靛、民间老艺人专访，以及"小缸青"染色操作技艺的全过程跟踪拍录和数字化建库保护。

对于远方的来客而来，去基地亲眼感受"粉蓝布"的魅力，不失为一项特别的游玩选择。在南通艾蓝染色技艺保护基地，项目组成员自筹经费购置了从打靛、建缸、染色、扎染及观众互动所需的一整套蓝染器具和工具。近年来，"艾蓝染艺进社区""重阳节扎染围巾祝寿星""小朋友走近天然蓝染"等观众共同参与蓝染体验的传承活动深受欢迎。

千年"中国蓝"，悄然变身非遗"网红"。对此，姜平看在眼里，喜上心头。他说，"中国蓝"的传奇，留在了陈桥这个古老的蓝染之乡。这正是今日陈桥艾蓝染艺非遗项目能够据以为豪的历史底气和文化自信。艾蓝染艺，这是南通古代农业社会所创造的最伟大的民间手工技艺，是南通千年农耕文明创造的具有历史影响力的地方品牌。

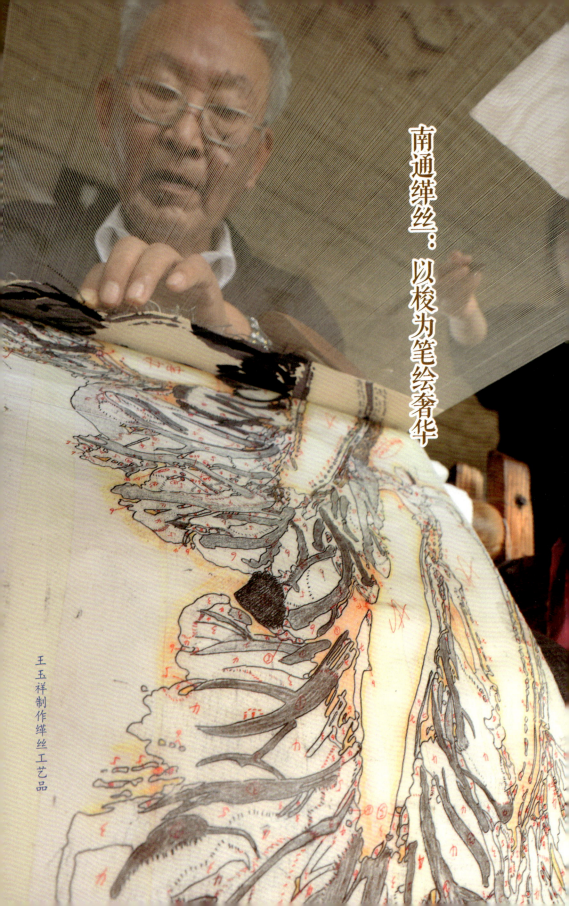

南通缂丝：以梭为笔绘奢华

王玉祥制作缂丝工艺品

在南通缂丝织造技艺传承基地——崇川区宣和缂丝研制所，77岁的王玉祥和子女们为了用非遗缂丝技艺展现历代名画忙碌着。

被称为中国丝织品活化石的缂丝，又称"刻丝"，在古书《玉篇》中释为"织纬"，是中国传统的一种经纬交织丝织品。作为一门用于龙袍上的编织手艺，缂丝一度是王公贵族才能专享的体面。在《红楼梦》中，讲究排场的王熙凤第一次闪亮出场，便是"外罩五彩刻丝石青银鼠褂"，亦可见缂丝之矜贵。

缂丝是传统的一种经纬交织丝织品

缂丝"以梭代笔",即是按照所绘画稿的需要,以不同色线做纬线,用梭子不断往返于布好的经线中,采用"通经断纬"的丝织技艺织成。缂丝工艺制作过程繁复而耗时,有着"一寸缂丝一寸金"和"织中之圣"的盛名。

"缂丝在南通的发展,倒是有些坎坷。"作为南通缂丝织造技艺省级非遗传承人,王玉祥对这一古老的工艺如数家珍。南通缂丝历史可以追溯到北宋时期,古书记载有"贡隔织"三字,其中"隔织"即指"缂丝",说明当时的缂丝是用于进贡的宝物。后由于社会动荡,其踪迹无从查找。

到了 20 世纪初,实业家、教育家张謇先生在与好友的书信中提到:"京中缂丝工人,以无业而拉东洋车甚多,颇为其技惜……南通女工传习所有织科,须用教习。"之后,张謇便招了两名男艺工,把缂丝科安排在南通大码头的平民工厂内,南通缂丝才重新进入大众视野。1937 年,日寇入侵,平民工厂被轰炸,南通缂丝再次销声匿迹。

20 世纪 80 年代,出身于纺织世家的王玉祥进入南通工艺美术研究所工作,并通过接触和服腰带,认识了大量的缂丝工艺。1984 年,一个紧急任务"研制引箔缂丝"落到了他的身上,时任和服科科长的王玉祥临危受命,立即成立课题小组,专门攻克引箔缂丝。经过六个多月时间地沉心钻研、翻阅古书,最终率先在省内研制出引箔缂丝,并把南通缂丝技艺(人们称为宋缂丝,或本缂丝)再次复现。而这条由引箔缂丝制成的腰带,在数十年后,重新流转到王玉祥的手中,被珍藏至今。

在一众作品中,王玉祥制作的一件集七种不同的缂丝工艺于一身的《鸾凤双栖牡丹》缂丝华服,被首都博物馆永久收藏,这也是该馆收藏的首件当代成衣藏品。这件作品的问世,让南通缂丝与高端时尚领域碰擦出了闪亮火花,成为当今缂丝制品的顶峰之作,也让越来越多人知晓。

近年来,王玉祥带领一批工匠,用南通缂丝织造技艺复制宋朝、明清等朝代名画 34 幅,让这项被称为中国丝织品活化石的缂丝技艺展现于世,并屡获国内文博会金奖。

　　如今愿意从事这一行当的年轻人越来越少，缂丝织造更是弥足珍贵。为了缂丝工艺传承不"断代"，南通的这一批匠人正坚守在这方田园，以梭代笔，不负韶华，将这项千年老手艺传承下去。

以梭代笔，再现精品

南通灯彩：上元包灯巧绝伦

包灯传人何林祥展示制灯技艺

　　每逢过年过节，大小街巷总有各式各样、五颜六色的灯彩，渲染着节日的喜庆氛围，烘托着喜悦祥和的民间生活。上元佳节闹花灯，便是自古以来的传统文化之一。

　　南通灯彩历史悠久。清朝初年，南通地区曾盛行一种灯彩，名曰包灯。何为包灯？据清嘉庆九年（1804年）出版的《如皋县志》记载，"包灯"是以蛇皮、纱绢、通草制为春灯，花草、翎毛、人物，工巧极致，为通州（今南通）包姓所创。

　　"包灯"之父，就是明代名满四方的崇川士大夫包壮行。他所创制的灯彩精美绝伦、别具一格，深为民间喜爱。清乾嘉年间，通州人

兔年赏兔灯

汪嶙在《咏兰轩诗稿》中也提到"包灯":"上元灯市闹新春,制出包灯巧绝伦。狮凤牡丹都逼肖,云中立个散花人。"除此之外,冒辟疆、范国禄等名士都有诗词吟咏"包灯"。

彼时,凡这一年中宗族有"添丁"的,元宵节前后须在祖祠挂一盏新灯笼(谐"新丁"之意),以此传达"添丁"之喜。

随时而流,包灯工艺精致,色彩鲜艳,其中由丝绸、苏绢等制成的绢灯属名产,制成"麒麟送子""寿星骑鹿""天女散花"、凤凰、孔雀、绶带、锦鸡、鸳鸯、喜鹊、金鱼、螃蟹、蝴蝶、纺织娘、荷花等图案。

包灯第四代传人何林祥以"独、融、精、准、活"概括南通灯彩的特点。"独"为最大特色,既不同于秦淮灯彩的组合形式,也不同于苏州一带的走马灯、荷花灯等,而以小巧精致、仿生拟形见长;"融"是指融合纸扎、绘画、剪纸、雕刻等艺术门类见长;"精"是指做工精细,裱糊光滑平整;"准"是要求形象精准立体,富有想象空间;"活"是神态逼真,色彩瑰丽明快,具有浓郁的民间艺术色彩。

传统的鸟儿灯以竹篾、棉纸、金箔和丝绸为材料,经过设计图稿、制作骨架、裱糊灯身、装置光源等五个基本步骤，融扎、糊、绘、染、剪、贴六种技艺为一体。而"包灯"则汲取了中国传统纸扎、绘画、书法、剪纸、皮影、雕塑等艺术养分，使传统灯彩凝聚了江海人的智慧，更具江海韵味和特色。

2016年，包灯被列入省级非物质文化遗产项目。为了保护和发扬这一传统文化，何林祥一直埋首而作，纸上生花，不断推出新工艺、新技术、新产品。此外，每年定期进学校、进社区传授扎灯技艺。

Tips

包灯原创者包壮行

包壮行，字稊修，号石圃。生于明万历十三年（1585年），少时以文学才华出众而受人称誉。他30岁中举，考卷被作为范文刻印，因为畅销多次重印，堪称那个时代的"崇川密卷"。明崇祯十六年（1643年）考中进士，任工部主事。次年三月，包壮行弃官回到祖宅崇川西南营，在此修建了石圃，晚年隐居军山。退居老家的他，创制出名噪一时的灯彩，被后人称为"包灯"。

通作家具：黄花梨工出精品

　　中国家具历史悠久，至明清两代，其制作样式和工艺水准达到了顶峰。按照地理位置、流派风格和设计理念的不同，大致可分为晋作、京作、广作和苏作四大流派。其中，以苏作家具的水平为最高。

　　多年以来，人们普遍认为，所谓"苏作家具"产地就是苏州，但是，出生成长于南通的戏剧大师李渔在他的《闲情偶寄》中曾论述："以时论之，今胜于古；以地论之，北不如南。维扬之木器，姑苏之竹器，可谓甲于古今，冠乎天下。"

现代通作家具作品《禅境》

因此，我们可以知道，明代中后叶至清早期，苏州工匠主要从事的是竹器的加工制作，而顶级的木制家具的主要产地在"维扬"。

在这里，李渔所说的"维扬"并非专指扬州一地，在历史上的许多时期，南通都曾隶属扬州府。所以，他说的"维扬"包括了今天的扬州、泰州、南通、盐城、淮安等广大地区。事实上，从存世的明清家具来看，南通的数量巨大，且水准最高。由此可以断言，南通家具是维扬家具重要的一个分支。近年来，这个分支逐渐被文博界所认可，并冠以"通作家具"之名。

王世襄先生在他的《明式家具珍赏》一书中，曾将明式家具的风格归纳为"十六品"，其中所说的简练、淳朴、厚拙、圆浑、沉穆、典雅和清新，恰恰与南通家具的气韵相吻合。

明式家具中，材质最好、做工最上乘的当属黄花梨家具。由于黄花梨材料难觅，所以，这种家具在当时就属上品。加上岁月的淘沥，四五百年下来，黄花梨家具更是珍稀之物了。

但是，在南通，黄花梨家具并不罕见。在近30年时间内，世界各地收藏家从南通"淘"走的黄花梨家具就达数百件之多，其中不乏大件和精品。

美国波士顿国家博物馆就藏有一张产于南通的黄花梨四出头官帽椅，其做工之精美，专家称"举世无双"。这件黄花梨家具的照片后来一直被印在这家博物馆馆藏文物画册的封面上。

黄花梨家具在南通的大量存世，表明了这样一个事实：在明朝中后期至清早期的这一时期内，南通的工匠们大量制作了黄花梨家具。由于南通此后没有经历过大的战乱和兵火，它们被较好地保留下来。

在南通，还有一个现象值得注意：除了经常可见的黄花梨大件外，小件在民间的存量相当巨大——这又是南通是黄花梨家具主要产地的又一佐证。因为材料的珍贵，工匠们不太可能有意地将黄花梨大料剖开专门制作小件，它们一定是由当年工匠们在制作黄花梨家具时锯下的零料加工而成的。

可以想象，当年那些惜木如金的南通工匠们在制作黄花梨家具时，看到散落在地上的下脚料颇感心疼，于是捡拾起来，做成了笔筒、几座，大一点的料就拼成了提篮、承盘，他们也因此被冠以一个美名"木秀才"。

经过长期的实践和训练，南通工匠的"工手"和审美眼光都有了突飞猛进的提高，现存的许多家具的制作者应该就是当年制作黄

花梨家具的师傅，至少也是那些师傅的传人。这使他们在后来的家具制作中，习惯性的采用了"黄花梨工"——当用心时用心，不当用心时用趣。

所幸的是，"木秀才"的手艺得到了很好的传承。2014年，木匠出生的王金祥自筹资金创办了南通通作家具博物馆，该馆还是被南通市人民政府命名的"通作家具制作技艺"传承基地。

2017年，经中国民间文艺家协会批准成立"中国通作家具研究中心"。这些年来，秉承传承优秀传统文化的宗旨，以通作家具的核心价值、文化特色、文化品位、工艺特点等为题，王金祥多次组织专家进行研讨，对通作家具的设计特点、文化意义及审美价值进行深入挖掘和认真梳理。

通作家具博物馆藏品

Tips 拐儿纹

　　明末清初，南通工匠在传统基础上概括出了一种形态高度简化、抽象的龙纹装（雕）饰，这就是"拐子龙纹"，南通人习惯称之为"拐儿纹"。拐儿纹具有绵延不断的特有形态，被民间寄托着许多美好的愿望。正因为通作家具上多了这一种鲜明标记，拐儿纹变成了区别于其他产地家具的显著特征和标识。

柞榛：木中遗珍最南通

柞榛木家具，在中国传统家具中占有重要的一席，留下了"自古柞榛出南通"的美誉。收藏家马未都先生曾说过："江苏南通出产柞榛木，只在那个地区有。所以一见柞榛木家具，就知道从哪儿来的了。"

柞榛家具，顾名思义，其用料为柞榛木。"柞榛"一词，《辞源》《辞海》上均无，因为仅在江苏一带有这个叫法。这种材质坚硬的树种，属常绿小乔木，主要分布于长江下游的北岸，以南通种植最为广泛，并曾大量用于家具制作。因此，南通的古典柞榛家具在海内外的家具收藏中占有重要的地位。

柞榛是唯一没有入宫的珍贵家具用材，由此其生长的区域性和稀有性不为人所知。但是，在民间对此木材还是推崇备至的。明清以来，江北官宦之家以制作柞榛家具为最贵，材贵工亦贵，为后世留下柞榛罗汉床、画案、官帽椅、书橱等系列珍品。

一方水土养一方人，一方水土也养一方物。柞榛木只在南通这片江海大地上扎根成长，它的生长期较长，木质坚硬细密，木纹清晰自然，美如山水画卷，也被列为硬木。但在亚热带气候里顽强生长的硬木也是得来不易，常言道"十柞九空""十柞九弯"，其树干凹凸不平，沟槽多，开料取材需反复揣摩如何剖料。即使不空洞的原材，制成后的利用率在每百斤 25 斤左右。气干密度与黄花梨等同，沉于水，或半沉于水，材质稳定少翘曲。

用柞榛木制作的家具

　　南通人独特的性格和多年未经战火而生成的沉稳、从容的气度，以及积淀千年的深厚文化底蕴，使南通柞榛家具的风格呈现出了雅致、质朴和大气的特点，这是南通人的气质和精神在他们所使用的家具上的折射。另外，由于文人雅士的介入，柞榛家具又少了几分粗糙和匠气，而添了几分精巧和文静气韵。

　　柞榛家具早期选料严格，绝少带白皮，凳椅的座面板、靠背板，床榻的围板，橱柜的门板，皆选纹理优美如行云流水者，让人坐卧其间有山林之思。

　　线脚非圆即方，而方线又多起浑面，或打凹槽，榫卯结构合理，做工精细，总体造型简练古朴、圆浑灵秀。

　　三四百年来，柞榛家具像一位隐士，或隐于山林，或隐于市井，养在深闺人未识。但是，因为有了一代代南通家具匠人的坚守与努力，今天，那些老家具所散发出的人文气息还在，古人所营造的那份清新神韵还在，文人与工匠们所共同构建的那份简约风雅也还在。

江海柞榛家具馆展厅

　　在各种新奇木材不断涌现的今天，柞榛木这种古老而优质的用材理应更加得到人们的重视，这也是红木家具材质中的遗珍。在空气中都弥漫着喧嚣的现代都市里，它们依然能够撩拨起人们心中那根最动情的弦。

季德胜蛇药：绝密配方显神奇

季德胜研究七叶一枝花

在抗蛇毒血清还未面世前，季德胜蛇药片曾是全球治疗蛇毒的"救命药"。仅 1958 年，该药就远销亚非欧等 13 个国家，成为当年国际上治疗蛇毒、毒虫咬伤的著名药品。时至今日，季德胜蛇药已成为国家级非遗、国家医药系统绝密项目。

在南通，说起季德胜蛇药的故事，三天三夜也说不完。诚然，这个以人名来命名的神药，自然离不开它的发明者——著名蛇医季德胜。

"季氏蛇药"从清代康熙年间就开始流传。季德胜在继承季家六代祖传秘方的基础上，结合自身几十年的捕蛇疗伤解毒的实践经验，研制而成这种蛇药。

作为我国久负盛名的蛇伤专家、中国医学科学院特约研究员，在旧社会时，季德胜却是一位捉蛇的叫花子，到处流浪行医，过着朝不保夕的生活。

　　中华人民共和国成立后，季德胜迎来了翻身的时刻。1954年，南通本地著名中医朱良春和卫生局的领导前往天生港一所破旧的土地庙内，将借宿于此的季德胜请出山，希望他将自己捉蛇制蛇药的手艺，造福更多百姓。经历新旧社会两重天的季德胜，将饱含季氏家族六代人心血的蛇药绝密秘方献给了人民政府。从1956年起，精华制药集团的前身原南通制药厂开始独家生产"季德胜蛇药片"。

　　被毒蛇咬伤，是过去农民在田间劳作中容易遇到的意外。在抗毒血清还未普及的年代，季德胜蛇药不但挽救了很多人，而且因为药方中选材平常，无名贵药材，价格低廉，容易得到，成为当时普通劳苦大众的救命药。1958年，季德胜蛇药片列为国家科委重大科研成果。季德胜获评卫生部"医药卫生技术革命先锋"。

　　1958年8月，年逾花甲的季德胜应邀到北京参加全国医药卫生先进工作者大会。在会场，季德胜受到周总理的亲切接见和鼓励。

　　1960年，驻地在武汉的空军干部朱保祥在帮助农民割稻时，被毒

季德胜蛇药片获1982年国家优质银奖

季德胜先生雕像

老品牌华丽变身，深受时尚人士追捧

蛇咬伤，生命危在旦夕。这时，部队通过电话联系到季德胜，当夜用飞机接他到武汉。季德胜采用鼻饲法给病人用药，半小时后患者的神智就逐渐清醒，退热退肿。三天后，人就可以坐在床上饮食了。这次抢救空军英雄的事情引起了轰动，也让季德胜蛇药在国际上打开了名声。

根据多年治蛇毒、制蛇药的经验，季德胜深谙各种毒蛇习性，能从毒蛇咬伤的症状，伤口上的齿印、深度等，判断患者被什么类型的毒蛇咬伤，以及中毒的轻重程度。有一次有位外国专家来参观，季德胜现场有意让一条蝮蛇将自己咬伤。在外国专家惊讶的眼神中，他口服两片蛇药片，随后又将蛇药片捣碎，敷在伤口处，然后引导外国专家继续参观。这位外国专家被季德胜的自信和胆量所折服，上前和他紧紧握手，并连声称赞。

1981 年，一代蛇药大王季德胜与世长辞，享年 83 岁。在晚年时，季德胜将自己毕生经验毫无保留地传授给了自己的学生，还将"蛇毒与癌"作为一项课题开展研究。临别之时，季德胜还不忘自己的蛇药，他对后人提出了殷切希望："你们要保证质量，不断改进、不断提高，不能停止在原有水平上。"

迄今为止，季德胜蛇药片大规模生产已有六十多年，作为国家非遗、军队特需，它的质量与疗效久经考验。经几十年临床验证，季德胜蛇药片不仅是治疗蛇伤的特效药，对于那些与蛇伤不相干的皮肤病也有疗效，具有清热、解毒、消肿止痛的功效。用于毒蛇、毒虫咬伤，即可内服，又可外用；对于隐翅虫皮炎、蜱虫、蝎子、蜈蚣、蚊子等咬伤，均有较好的疗效。2020年，被列入中华中医药学会防治艾滋病分会制定的"艾滋病合并带状疱疹中西医协同治疗专家共识"中外用药物。

作为我国的援外药物，在抗美援朝战场上，在印度蛇患严重的乡村，在坦赞铁路工地，季德胜蛇药都挽救了无数人的性命，留下了一曲曲动人的时代赞歌。

2018年10月，为纪念一代名医季德胜诞辰120周年，南通市政府在北京举办了季德胜蛇药二次创新研讨会，旨在拓展非遗药品应用，将这一中医瑰宝发扬光大。

王氏保赤丸：微丸之内有乾坤

　　一把银色的药匙，全长不过 15 厘米，在其顶端 2 厘米见方的空间内整齐而细密地排列着 64 个凹槽。年轻的技师们经手着"世间最轻的微丸"——王氏保赤丸，60 粒仅重 0.15 克。这是在精华制药集团王氏保赤丸生产车间的一幕。

　　有着"中华第一丸"美誉的王氏保赤丸，是清道光年间南通著名中医王胪卿集祖传九世秘方精制的传统中成药。20 世纪初叶，因南通育婴堂普遍使用王氏保赤丸防病治病，大大减少了药费开支，被育婴堂主办者张謇赞赏。多少代的南通人，小时候出现腹疾、喘症等常见小儿病症时，父母就用这味丸药让孩子康复起来。

　　王氏保赤丸最为特殊之处，便是这味药初生的婴儿就能使用，王氏保赤丸的"赤"字，指的就是刚诞生的婴儿。细小如芥的药丸能瞒过婴儿畏苦的本能，以精准的剂量给药，是微丸的独到之处。丸型小如菜籽，丸粒匀称圆润，光泽泛亮似珠，在治疗脾胃虚弱、胃呆食减、腹泻、便秘等胃肠道疾病方面，有着独特的功效。

王绵之（1923~2009年），南通一个中医世家的第十九代传人，1956年，他毅然向国家捐献了其家族自清朝道光年间问世的祖传秘方——王氏保赤丸的全部制作工艺。南通市人民政府将此交由南通制药厂独家生产，至今已有六十多个年头。

微丸制作是一门绝活。首先要将药粉变成极其微小的母丸颗粒，向药粉中加入蒸馏水，做到湿度适中，捏之成团，推之即散，将具备了一定粘合力的粉团过筛，获得细如沙砾的母丸。泛丸是一项古老的中药制剂技艺，它巧妙地利用离心力让药丸变得浑圆，以水为黏合剂，让药粉逐层黏裹在药丸上。可是"大而化之"易，精雕细琢难，直径0.2毫米的母丸成品的标准是1.5毫米。

王氏保赤丸有多种原料药粉，它们需要以特殊的顺序，分66次添加。每次添粉，单颗丸剂的增量在0.01毫米之内。因此，必须小心翼翼。

王氏保赤丸制作技艺已成国家级非遗项目

王绵之为"神六"航天员聂海胜调理身体

这规矩是早就定下的：必须加 66 次，全部加上去绝对不行。层层上粉的工艺，直接影响着丸剂的崩解度，也事关人体对药品吸收的效果。因此，从母丸到成品，仅增加了 1 毫米，却需要 5 天时间打磨。66 道工序，稍有分心，上粉就会不均匀。

时代在变迁，如今，精华制药 200 多种药品生产线已进入自动化控制程序，但在加工丸药的提取车间里，仍可以看到老技师对粉碎后的原料进行手工反复筛制，进入后道工序仍由古老的泛丸锅匀速转动，娴熟的操作工们徐徐加入原料粉，直到每一粒小至菜籽般的药丸从特定的筛网中漏出。

正是因为精华制药仍采用古老的泛丸锅，配料、打粉、糅合等工序仍坚持手工操作，炮制方式一成不变，才使这款进入国家级保密配方的非遗名药在中华中医药大家庭中独领风骚。

1983 年，这款名药获得国家质量银质奖。其后，王氏保赤丸制作技艺又进入省非物质文化遗产项目行列。2021 年 6 月 10 日，国务院正式下发通知，公布了第五批国家级非物质文化遗产代表性项目名单。精华制药集团的独家生产技艺——王氏保赤丸制作技艺成功上榜，这是南通市中医药界的又一重大突破。

六十多年来，王氏保赤丸不仅在国内治愈了无数患者，还作为我国援外主要药品，在疫情暴发的非洲原始部落、在肠道疾病流行的亚马孙热带雨林、在日夜施工的坦赞铁路工地，王氏保赤丸都救治了许多病患。近年来，精华制药集团更是派出专家组深入到东南亚，为"一带一路"的建设者送去了急需的王氏保赤丸，为他们解除了后顾之忧。

近年来，在传承"非遗名药"的同时，王氏保赤丸还屡屡迎来了药用价值二次开发的高光时刻。目前，精华制药集团和美国哈佛大学药学中心合作研究的肠道菌群调节方面的数据已取得报告，与北京大学药学院合作开展的现代药理试验也已取得成功，与上海长海医院等国内 16 家三甲医院合作开展的王氏保赤丸在治疗成人功能性消化疾病的循证医学临床试验已取得翔实的数据，二次开发的疗效将日益显现。

2005 年，年事已高的国医大师王绵之，受中国航空航天局委托，为当时即将执行"神六"任务的航天员聂海胜和费俊龙进行身体调理。2005 年 10 月 27 日，两位航天员返回地球后，王绵之第一时间前往航天城对二人的身体情况进行检查。2006 年，王绵之为航天员研发全新的"太空养心丸"，让他们在特殊环境下的适应性和耐受性得到提高。

王绵之大师和王氏家族的经典名药王氏保赤丸为世界各国人民排忧解难，声名远扬，为南通这座历史文化名城带来了荣光。人们必将永远铭记王氏家族传承至今的工匠精神，并在传承和发展古老中医药文化的道路上不断超越。

南通八碗八：江海好味尽在此

南通地处江海交汇处，水网密布，物产丰饶。以此得天独厚的自然条件为基础的江海菜，亦称南通菜。南通菜的集大成者，莫过于"八碗八"。

"八碗八"是南通传统宴席的一种简称，是宴请宾客的一种菜谱规格，它代表了完整的南通乡土菜式。百多年前，通城人招待宾客，便摆出八大盘、八大碗，以"八碗八"的规格以示好客之情。久而久之，这一菜式，凝聚起南通乡土烹饪技艺的智慧，成为无数人记忆里挥之不去的家乡味道。

"八碗八"宴，在南通民间是家庭团聚的象征，也是对宾朋的最高礼数的招待。

所谓"八碗八"，即八个盘子、八碗大菜。盘子又分四冷碟、四热炒。一盘一碗看似寻常，却透露出南通人的心思和精致。总数十六，取"十全十美"加"六六大顺"之意。菜品的"四冷四热"，又暗合四面八方，事事如意。"八盘八碗"，近年来更增加了"发了又发"的吉祥寓意。八大碗菜没有特别珍稀的食材，却能把本地出产的畜禽水产二十几种食材汇于一宴，酸甜咸鲜四味备于一席，透露着南通人的生活艺术。

一桌"八碗八"，体现出南通乡土菜的精华所在。在食材选用方面，坚持就地取材，新鲜、鲜活。河鲜海鲜类菜肴和家畜、家禽肉类菜肴都坚持新鲜肉入菜；有"醉蟹不看灯、风鸡不过灯，刀不过清明，鲥不过端午"的严格把控。在烹调上，善用火候，讲究火功，炖、焖、煨、焐、蒸、烧、炒、跳等，制作的菜肴酥烂脱骨而不失其形，滑嫩爽脆不失其味。在味道方面，江海菜极重视调汤，讲究原汁原味，鲜美爽口，淡雅嫩滑，

"八碗八"全景图

适应面广，浓而不腻，淡而不薄。

"八碗八"制作技艺历经沧桑、流传至今，蓄积了不同历史时代的烹饪技艺精华，反映了长期以来通城民众的生存状态、生产习俗、生活风貌、伦理观念等。尽管菜品、原料根据季节的变化有多种选择，但卤、蒸、煮、炒等烹饪手法"万变不离其宗"。

正宗的南通"八碗八"都有哪些菜？南通首个非遗项目地方标准《南通"八碗八"制作技艺》已于2022年公开发布，它采用2013年中国饭店协会批准通城"八碗八"宴为中国名宴时的席单，对南通"八碗八"制作技艺的原辅料要求、制作技艺、上菜方式、上菜顺序和安全要求做了进一步规范，从烹调方法、味型、原料、制法、成品感官要求五个方面，分别做了详解。

南通"八碗八"非遗制作技艺传承人、中国烹饪大师张继华深入民间，走访老厨师，收集资料编制成册，为传承"八碗八"制作技艺奠

南通八大碗中的"三扣"：山药扣鸡、茨菇扣肚、香芋扣肉

定了基础，同时研发了符合现代人健康口味的新品种，推动了江海菜的发展。这一工作室申报的南通"八碗八"制作技艺，成功入选南通第四批市级非物质文化遗产代表性项目名录，成为市非遗名录中唯一的烹饪技艺项目。

如今，"八碗八"宴被中国饭店协会认定为中国名宴，并被江苏餐饮行业协会命名为"江苏特色名宴"。在江苏大运河美食嘉年华名宴名菜中，"通城八碗八宴"，获得"大运河美食名宴"的殊荣。

八大碗，八大盘，摆开八仙桌，围坐八个人。南通人的朴实、大方、好客，在"八碗八"中代代相传。

Tips

正宗的南通八碗八菜单

八大盘中的"四冷"为糖醋河虾、盐水香肉、五香熏鱼、拌绿叶菜，"四热"为滑炒鱼片、白果鸡丁、油爆腰花、熟炒双冬。"八大菜"则分别为三鲜杂烩（头菜），山药扣鸡，红烧鲫鱼，八宝甜饭，茨菇扣肚，韭芽肉丝，香芋扣肉，清汤鱼圆。

南通年味：只为那顿年夜饭

　　年味是什么？那是根植于百姓记忆深处的一种难以忘怀的情结。民以食为天，狭义的年味，就是舌尖上的那道道美味。

　　年味何处寻？在江海大地，从腊八节开始拉开过年的序幕，浓郁的年味此时已飘满大街小巷。

　　南通人过年的寻味之旅，其开场戏为风鸡、风鱼、腌肉、灌香肠，高潮部分是蒸馒头、蒸糕，压轴戏是准备年夜饭。

　　冬日里的南通民居，阳光下那一排排色泽诱人的香肠，晒的就是一份份乡愁。南通民间灌香肠的工艺相当醇熟，肥瘦相间，油香饱满。

蒸年糕

肉的咸香与酒的微醺奇妙地结合。蒸熟后切片直接吃，或者是当辅料炒菜吃，都别有一番风味。南通的香肠里，最有名气的当属如皋香肠，它咸甜适度、香味可口，是闻名全国的香肠品种之一。早在清宣统二年（1910年），就在南洋劝业会上获奖，可与广式香肠媲美，被称为如式香肠。风鸡、风鱼，则是将食材封制风干，以稻草绳密匝捆扎，挂于檐下，这种食品具有一种特殊的干腊浓香。

　　蒸糕、蒸馒头，都是南通民间过年前富有仪式感的事，那热气腾腾、忙忙碌碌的场面，是多少人记忆中过年该有的样子。南通人一到腊月就开始准备了，四乡八镇的百姓家里总要晒糯稻、飏小麦、碓米屑、换面粉，准备开蒸的倒计时。有一首古风诗，讲的就是那时候的南通人年前忙忙碌碌的情景：“村村都向磨房跑，米麦车推或担挑。磨屑归来忙整夜，麦蒸馒头米蒸糕。”这种家家户户总动员、半夜三更蒸制糕馒的风俗，一直传承至今。

晒笼糕

蒸馒头

晾香肠

南通老百姓蒸糕、馒头的风俗，还预示着新年的好兆头。"糕"的谐音是"高"，馒头象征"满""发""圆"，步步高、年年发，再好没得啊。还有首南通民歌是这样唱的："没有蒲包卖什伲盐，没有馒头过什伲年！"

南通的年糕通常是呈长方形的"水巾糕"，边上有两条鲜艳的"红线"，咬一口黏、糯、软、甜，确实是一道天然美食。

南通的馒头，馅料叫作"兜心"，都是精心准备好的，主要有咸菜、萝卜丝、豆沙等，用红点标记品种，尝起来咸、香、甜、软，满满的团圆滋味。

在当年，南通人的年夜饭其实并没有多少山珍海味，重要的是那种忙到三十夜子的热乎劲儿。除了将香肠、咸肉、风鸡、风鱼做成菜之外，一般总要做盆猪脚爪煮冻豆，炒点儿野鸡丝，考究点儿的要泡海参，发鱼肚，浸海蜇，做虾腐。家里掌勺人一样一样，洗、切、浸、炒、烧、蒸、煨，厨房内外满是人间烟火味。一直到守岁的时候，炉子上还炖着板笋烧肉这样的硬菜。

除了这些与年节相关的传统美食外，舌尖上的南通还有更丰富的选择。南通滨江临海，海鲜食材远近闻名。讲究一点的人家，年夜饭的大餐里少不了本港的海鲜。困难时期，年夜饭的菜品没有那么丰富，那也必定是一年中最好的一顿晚餐。

那个年代的除夕夜，没有春晚，也不需去饭店吃大餐。一家人围坐在一起，吃顿年夜饭就是真正的团圆了。尤其是在外奔忙的游子，无论多远都会赶回家里团聚。"儿童强不眠，相守夜喧哗"，孩子们总要等到长辈们用红纸包着的压岁钱到手才肯散去。

临近午夜，鞭炮齐鸣，烟花腾空，一个崭新的春天就这样到来了！

狼山鸡：鸡群中的"战斗机"

狼山鸡出自南通黄海边，体型健壮

多年以后，英国海军少校克劳德依然会记得，在遥远的扬子江入海口附近一个叫狼山的港口，见识那些大黑鸡的时刻。

那是同治十一年（1872年）二月，克劳德担任船长的商船停泊在狼山港。归航之际，他们在岸边的农家吃到一种口味鲜美的鸡，并对此产生了浓厚的兴趣。克劳德和他的船员找到了这种与众不同的家禽：它们通体黑色，身高腿长，单冠头昂，背部成马鞍形，黑色羽毛中带有甲虫绿的闪光，眼内的虹彩呈金黄色。

克劳德如获至宝地向当地百姓买了几只大黑鸡上船，将它们带到英国达林顿，由他的侄女负责将这些种鸡繁殖成群。在一次家禽展览会上，该鸡一举成名，受到欧美养禽界的追捧。克劳德没有忘记种鸡的原产地，将这一鸡中新宠命名为克劳德狼山鸡。

登上世界舞台的狼山鸡一点都不怯场，它相继走进了欧、美、亚、澳、非各大洲，成为闻名世界的鸡种。1883年，狼山鸡被列为国际标准鸡种，是我国唯一入选的地方鸡，世界名鸡"奥品顿""澳洲黑""海波罗"等，均由狼山鸡改育而成。

克劳德念念不忘的狼山鸡，其实最初的产地并不在狼山脚下。如果他有心去溯源的话，应该很快找到正解：这种鸡原产于南通的另一块风水宝地——南黄海畔的如东，以岔河、马塘较多，故又称岔河大鸡、马塘黑鸡。

南黄海滩涂丰富的动植物性饲料，历来为鸟禽栖息的天堂。当地视黑色为吉祥，喜选择黑色羽毛鸡饲养，渔民出海祭祀时也要求用纯黑色的大鸡。这种历史习俗促使人们不断淘汰杂色羽鸡而选留黑色羽鸡饲养，民间给它"黑袍将军"的美称。

狼山鸡种鸡场让品种更优化

经长期选择、培育，约在清代（19世纪70年代以前）已形成该品种鸡。除黑色外，该鸡亦有黄色和白色种类。这些鸡体肥健壮、肉质鲜美，很快就从黄海畔来到长江边、濠河岸，成为南通百姓喜养、爱吃的家禽。因为狼山鸡已经是一个国际通用的名称了，我们也就这样称呼它了。

狼山鸡不仅在海外扬名，在国内同样是鸡中翘楚，有"国鸡"的美誉。一方面，它有上过"开国第一宴"的一段历史。据南通餐饮界传了好几代的说法，开国第一宴上的大菜"蘑菇镶焖鸡"，用的就是南通人熟悉的"黄焖狼山鸡"。从目前能够查阅到的资料看，1949年10月1日开国大典后的当晚，在北京饭店举行的"开国第一宴"菜谱中，的确有一道"烧鸡块"。这次宴会采用的是周总理亲自决定的淮扬菜，南通菜是该菜系的分支之一，淮扬大厨们选用优质的狼山鸡为食材应该是顺理成章的。

另一方面，狼山鸡被称为"国鸡"，是因为它是我国肉蛋两用鸡的"祖师爷"。众所周知，鸡有肉鸡、蛋鸡之别，狼山鸡集肉质鲜美与产蛋率高于一身，可以算是我国第一个真正的肉蛋两用的鸡品种。这是有数据为证的：狼山鸡一般公鸡重 3~3.5 千克，母鸡 2~3 千克，其肉质洁白细嫩，无论是清炖、白煨、红焖、干炒，还是白切，均别具风味。每只狼山母鸡年均产蛋约 180 个，最多达 282 个，蛋重约 60 克，堪称"产蛋劳模"。

新中国成立后，狼山鸡作为优质鸡品种得以保护和发展。1952年，华东农业科学研究所首先对狼山鸡进行了原产地的品种调查和选育工作。1959年成立的狼山鸡种鸡场，专门从事狼山鸡保种、改良和繁育工作。经过几十年的发展，狼山鸡的数量和质量都有得到了很好发展和提高。2000年，国家农业部将狼山鸡列入国家级畜禽遗传资源第一批保护品种名录。2009年，狼山鸡成为国家地理标志保护产品。

大自然送上如此完美的江海食珍狼山鸡，南通人自然不能辜负了这一美味。南通人特别讲究狼山鸡的烹调方式，掌勺大厨根据不同季节和肉质老嫩来决定狼山鸡最适宜的烹饪方法，比如炒、烧、溜、炸、

红烧狼山鸡

炖、焖、煨、白切、熏烤等。红烧、黄焖、清炖，是本地饭店以狼山鸡为食材的主流做法。近年来，南通街头的狼山烧鸡也越卖越火了。店家将古法秘制的狼山烧鸡，用油纸包好，放入牛皮纸袋里。买一只回去与家人共享，那种沁入鸡肉鸡骨里的香气，可以让人吃出江海的美好滋味。

野鸡丝：三丝炒出古早味

野鸡丝是典型的南通家常菜

"野鸡丝"，是一道极为正宗的南通家常菜，也是南通人过年必备的年味之一。外地朋友初听这菜名还是蛮神秘的，端上来一看，可能会有些小小的失望。不就是一盘酱瓜炒肉丝嘛！用它过个早饭差不多，怎么南通人还拿它当个宝？

作为一种古早味，这种做法从前的确是用来下饭的。《红楼梦》第四十九回载："宝玉却等不得，只拿茶泡了一碗饭，就着野鸡瓜齑忙忙地咽完了。贾母道：我知道你们今儿又有事情，连饭也不顾吃了。"贾府有钱，宝玉吃的可能是真正的野鸡之丝。但从这简单吃完的样子看，与南通人现在餐桌上的，差不多是同一种食物。《红楼梦》虽是小说家言，不少细节据考证都是精准的。

"野鸡丝"这道菜，在南通民间流传多年。以前南通江河芦荡很多，野鸡也属常见，家底殷实的富人家，用野鸡当原料烹制这道菜肴是具备条件的。《崇川竹枝词》里有"秋风红树刺椒鸡"，说这种野鸡产自吕四海边，八九月间随着北风飞到五山一带的树林里栖息。但如今，野鸡已是难觅身影了，老百姓也早已用猪肉替代了野鸡作为食材。

野鸡丝的配方

另外一种说法，野鸡丝里从一开始就没有野鸡，野鸡其实是"野虀"。"虀"来自于古代文言，指捣碎的姜、蒜等，引申为"细、碎"之意。启海话里"咸菜"就称为"野虀"，由此说来，野鸡丝便是一种由切碎的酱瓜丝、生姜丝，加上猪肉丝炒制而成的菜肴。

南通的这道野鸡丝，其灵魂所系，其实在于甜包瓜。有人用咸酱瓜试图炒一盘野鸡丝，花了同样的功夫，完全不是这个味儿！

甜包瓜为何物？它是南通本地特有的一种青皮白筋的菜瓜，有一尺多长，胳膊粗。冬天里吃的野鸡丝，必须从夏天就开始准备。三伏酷暑，挑上好的包瓜，当天采，当天腌制，当年食用。这特制的甜包瓜，色泽金黄半透明，口感甜香嫩脆，本身就是一种质量上乘的酱瓜。南通的甜包瓜曾经在20世纪二三十年代就销往香港及东南亚地区，直到抗日战争爆发才中断了销售。

野鸡丝中，甜包瓜是主角，占总分量一半。包瓜斜切薄片，再成细丝，洗净浸泡，浸泡时间靠经验把握，咸淡适中时捞起、沥水挤干摊开。

选新鲜上好的里脊肉，最好是梅条，切薄片再切丝；再选大嫩姜，稍有辛味却不辣口，切丝备用。

起火，倒油，先炒肉丝，加料酒葱姜去腥，酱油调色。这么细嫩的肉丝不要预浆也能很快熟烂，盛出洗锅。

再次倒油起锅爆炒姜丝，待姜丝变软，倒入包瓜丝、肉丝。大火升腾，三丝汇聚；金风玉露一相逢，便胜却人间无数。铲柄飞舞，热香弥漫，两三分钟撒葱装盘。

新鲜出锅的野鸡丝，三丝"丝丝入扣"，整个油光灿亮，色香诱人。吃一口，甜咸适中，爽而不腻，冷却后更脆口。南通有两道美食都是冷吃胜过热口，一个是"草鞋底"，另一个就是野鸡丝。

这样的野鸡丝，不但是南通人冬令最爱的咸小菜，更是成为过年必不可少的一道风味。南通的老话说，"不论有钱没钱，炒碗野鸡丝好过年"，就显示出它的江湖地位。南通餐饮商会将野鸡丝评为"记忆中的十佳年俗菜"，堪称实至名归。

"把酒残年尽，君归在几时？紫琅今夜月，曾照野鸡丝。"不知是哪位民间高人写的这首《野鸡丝》，道尽了南通人对这一灵魂美食的相思与眷念。

草鞋底：冷食界中天花板

　　一说到"草鞋底"，每一个南通人都有着属于自己的回忆。这个耳熟能详的传统点心，陪伴着一代代南通人的成长和生活，也是很多奔波在外的通籍人士一份沉甸甸的乡愁。

　　草鞋底，并非草鞋的底，这是出自南通民间的烤制面饼。因为其椭圆的造型，加之烘烤后两头微微拱起，看上去就像草鞋底子一样，旧时乡人就给它起了这么一个诨名儿。如今，"草鞋底"制作技艺，已经入选南通市第五批市级非物质文化遗产代表性项目。

　　说起"草鞋底"的制作原材料，其实十分简单，只有面粉、油、香葱和白芝麻。但是最家常的材料，要想制作出丰富多样的美味，就很考验制作师傅的手艺。一般而言，要有制皮、制酥、制馅、成型、烘烤五道工序。

　　按照传统技艺制作的"草鞋底"食果呈椭圆形，面色金黄，表面密布芝麻，饼皮松发，香酥鲜嫩，洋溢葱香。在众多茶食品种中，"草鞋底"因为能够充饥，且价格相对低，而颇受普通老百姓的欢迎。

刚出炉的"草鞋底"色泽金黄，趁还冒着热气的时候咬一口下去，外酥里嫩。其实，冷却之后的"草鞋底"才是它最灵魂的体验，此时再品尝一口，不是那么的软糯，但却薄薄脆脆，酥中带脆。"草鞋底"因烘干制作，极易储存，冬天保质期在1个月左右，夏天保质期也可长达10天。

融南通民间美食智慧于一炉的"草鞋底"，因为适合冷食和存放，所以在过去它是平民的恩物，既可当点心，又可当救急的干粮。一早出门远行，来不及吃早饭和午饭，怀揣两个草鞋底，一天到夜都不怕。一般烧饼，冷吃会难以下咽，而"草鞋底"却是越嚼越香。从这个意义上，将"草鞋底"称为冷食界的天花板，一点不为过。

南通"草鞋底"，当属天生港的最为有名。在南通城的大街小巷，时常有小贩挂着"天生港草鞋底"的招牌兜售，但要找到正宗的味道，还得有高人指路。听老师傅说，好的"草鞋底"要坚持用"老酵"做法，面粉加水、油和料都需要恰到好处，这样做出的成品才会酥脆可口。

在百年老镇唐闸北市街，永泰仁开了一间店铺，现场由传承人亲

制作"草鞋底"

自带着店员制作"草鞋底",无论是"经典咸"还是"甜加咸",都不会踩雷。特别是那浓郁的葱香味,总是让人想起了从前的味道。手拿一只"草鞋底",慢悠悠地边吃边走边逛,总能让人享受到"偷得浮生半日闲"的惬意。

还可以推荐位于城南二村附近的"包一手天生港草鞋底"。"包一手"就是独臂网红包汉明。在遇到天生港草鞋底后,包汉明找到了值得他为之奋斗的事业。他带着妻子和弟弟向天生港食品厂的退休糕点师傅徐汉林学艺,并通过抖音等网络平台直播,还创新推出了胡椒味的"草鞋底",很多人吃了后都直呼过瘾。

确认过眼神,遇上天生港"草鞋底",或咸或甜任你挑选,生活的烟火气就这样在舌尖升腾起来。来南通,吃货们都知道,如果不多买几个"草鞋底",都觉得亏得慌。

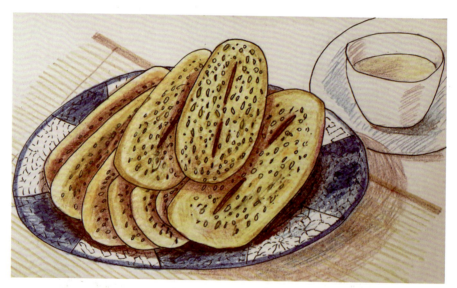

南通美食"草鞋底"

唐闸牛肉：本味留香满舌尖

通城各大菜市场的熟食店招牌上，少不了唐闸牛肉的加持，甚至还要加上"正宗"二字，盛名可见。在周末，会有上海、南京、苏州等地的食客开车过来，专吃唐闸全牛宴。

那么问题来了："唐闸牛肉"到底牛在哪里？这地方产牛吗？

唐闸这一带，并不是集中养牛的区域。唐闸牛肉出名，是因为这里已形成了一种牛肉流派，成了南通牛肉界的一只鼎。

唐闸牛肉得以流行，首先是它拥有忠实的吃客群。作为延续百多年的工业重镇，这里集聚了大批的工人兄弟。辛苦打拼了一天，总得对起自己的肚子，因此镇上的小馆子也多。下班后可以约了小聚聚，发工资的日子打个"拼伙"（南通话，AA制的聚餐）那是必须的。而最契合这种聚餐气质的，在小龙虾、烧烤风行之前的年代里，非牛肉莫属。无论是白蒲黄酒、通光啤酒，还是店家自酿的老米酒、花露烧，都可以与一盘熟牛肉成为绝配。

据本地美食考据家回忆，"唐闸牛肉"作为一个品牌出现，大约是从20世纪90年代初开始的。唐闸疏航桥下面的那家是最早出名的，开在碳素厂边的一家也人气颇高。碳素厂边的那家，在城里开店写的

唐闸牛肉店前的雕塑

是"碳素牛肉",搞得外地来的朋友不知道这是什么新口味。

　　唐闸牛肉的特色，是选料抛弃了以往牛肉店较多采用的黄牛肉，取而代之的是水牛肉。因水牛肉肉质较黄牛肉更为细腻可口，更符合本地人的饮食习惯。唐闸牛肉店除选用本地的水牛外，还到安徽、湖南、湖北等地选购优质水牛。在制作口味上，按古法制成，坚持保留食材的本味。原味的干切牛腿肉，夹着大理石花纹般已被煮软的筋络，鲜嫩又有嚼劲。卤水大约仅加葱姜、料酒、食盐、八角等，越发衬出新鲜牛肉藏在纤维里的脂香奶香，还有牛肉特有的热气与醇厚质感。煮熟后切成薄片，每一片自带新鲜肉质的丰满弹力，其中几缕半透明的胶质筋络恰到好处，使口感鲜嫩饱满又富有嚼劲，细嚼慢品，满嘴留香。

　　在唐闸吃牛全席的店家当属"王中王"最有名。因为城市建设门

唐闸牛肉重在本味

店搬了几次，老镇景观提升后又回到了老地方，内外焕然一新，店面古色古香显出了档次。没变的是当年的好味道。

唐闸的全牛宴，吃着绝不显单调。体验一次，你会感叹牛肉原来有这么丰富的做法，搭配些新鲜时蔬，吃着全然没有那种油腻感。除了原味牛肉外，王牌酱牛仔也受到不少吃客的欢迎，原材料选用牛肋骨，将土豆与其红烧，放上少许香菜调味，香味扑鼻，让人食指大动。店里外卖的冷切牛肉，一般到傍晚时分就会卖完，老主顾都是电话预约的。

到唐闸老街上走一走，可以寻找近代工业遗存那些湮没的辉煌。在此吃上一次唐闸牛肉，也是不错的美食之旅，话说这牛肉也算是工业时代流传下的一份舌尖宝典呢。

嵌桃麻糕：鲁迅尝了都点赞

南通人所说的茶食，简单说就是"干点心"，而嵌桃麻糕称得上是南通的代表性茶食。2011年，"南通嵌桃麻糕制作技艺"入选南通市级非物质文化遗产名录。

据地方史记载，在清道光五年（1825年），南通城区有专营茶食的店家景福斋，坐落在原西大街，主要生产的茶食特色品种有嵌桃麻糕、云片糕、草鞋底、桃酥、小麻饼、鸡蛋糕、京枣等，是南通城里有名的茶食店之一。这些茶食目前都流传下来了。清朝的通州城内，有一个叫许松甫的商人，在东门设一"鼎泰"号杂货店，以产茶食糕点为主，在外埠亦有店铺经营。后来，许氏向朝廷捐得一官，常将上等茶点进贡。店内的通帮老师傅所做的嵌桃麻糕，选料精细，加工讲究，味美可口。从此，南通"鼎泰"麻糕被誉为"官礼茶点"，扬名于天下。西亭脆饼问世后，麻糕、脆饼媲美，成为南通两大特色茶点引起中外人士、海内外越来越多食客的兴趣。

南通麻糕，还有一段受鲁迅先生青睐的佳话。据南通图书馆收藏的《季自求日记》手稿中记载，辛亥革命后，南通人季自求在孙中山的参谋本部任军职。后去北京，通过同学周作人与其兄——当时在教育部任佥事的鲁迅相识。季自求爱好文学，常与鲁迅往来。鲁迅在1912~1920年的日记中，有五十处记载了与季自求的交往。一次鲁迅与季的畅谈中，鲁迅曾向季自求借《南通方言疏证》，用于研究地方方言。季自求也曾将家乡的麻糕馈赠鲁迅，鲁迅品尝后，认为名不虚传。在1914年11月15日的日记中，记有"南通馆坐少顷，持麻糕一包而归"。众所周知，鲁迅先生对美食也颇有心得，能让他成为"回头客"，这麻糕的魅力确实不小。说鲁迅先生为南通麻糕点赞，此言不虚。

到南通一游，如果你不知道带点什么回去，可以"持麻糕一包而归"，你可以拥有与鲁迅先生相近的品位。

20世纪初，鼎泰受战乱影响停业关闭，后有永泰仁杂货号，继承鼎泰制作麻糕，继而稻香村、景福斋，以及大兴、大隆、鼎隆等茶食店，亦先后竞相生产，麻糕生意越做越兴隆，名气也越来越大。

嵌桃麻糕的"桃"就是核桃，这道精美茶食主要由白糖、芝麻粉、炒米粉及核桃仁等原料制成。经过选料、发酵、搅拌、嵌核桃仁、装模、划片、定型等多道工序，再烤至十五分钟，香喷喷色泽金黄的麻糕便可出炉。

桃仁必须嵌得恰到好处。它似一颗心，也像蝴蝶，不仅美感十足，而且味道香甜松酥，芝麻香而纯正，入口脆酥易化。

嵌桃麻糕的精工细作，每斤两条，每条五十片上下，片片色泽金黄，嵌桃均匀。干吃，酥而甜，有一股浓郁的芝麻清香；泡食，香味四溢，爽口而不腻。芝麻、桃仁等原料中，含有17.7%蛋白质，15.8%脂肪，37.1%蔗糖，可谓之色、香、味俱全，营养丰富。

岁岁年年，精耕细作，原汁原味的百年老口味留住了舌尖记忆。嵌桃麻糕，值得寻味。

冷蒸：春风十里小清新

在南通老一辈人的记忆中，冷蒸是春季的一种时令食品。

农耕时代，在大麦初熟、田里青黄不接时，人们不得已拿青麦做成冷蒸来充饥。当年的应急食品，如今成了一种应时佳品，只能在暮春初夏不到一个月的时间里、在很少的地方可以吃到它。

"冷蒸"也写作"冷饤"，其最初的起源无法考证。清代书籍中记载："冷蒸，大麦初熟，磨成小条，蒸之，名冷蒸，以其热蒸而冷食也，并有诗曰：四月初收大麦仁，箫声吹罢卖饧人。青青满贮筠篮里，好伴含桃共荐新。"

照此说法，称为"冷蒸"是贴切的，写起来也更方便些。

谷雨后，天气变暖，谷物进入快速生长期，此时正是冷蒸上市的季节。每年这个时候，通城大街小巷便悄然出现一些挎着竹篮卖冷蒸

如今会制作冷蒸的农家已经不多见了

的村妇。为了防止冷蒸变味，竹篮上必然要盖上一层毛巾。当有顾客走过来询价时，村妇掀开毛巾的一刹那，满眼翠绿欲滴的颜色，让人看了就胃口大开。

扯穗、搓粒、筛芒、烘炒、揉壳、风扬、磨粒……将灌浆饱满的青麦穗扯下来，去除麦芒和麦壳，一边脱粒一边扬去杂质，再把麦粒倒入大铁锅中慢慢翻炒，炒至麦壳微黄，使麦与粒分离，用风扇扬去麦壳，留下麦芯，最后将麦芯磨成粉状，冷蒸就做好了。如今，会做冷蒸的人已经越来越少了，且吃且珍惜吧。

中医说冷蒸性味甘、平凉，有壮筋助骨、除湿去邪、保胃止泻之功效。上了年纪的老人家则说，孩子吃了冷蒸，这一年都会有力气。将这些功效且放到一旁，光光是冷蒸的滋味就让人的舌尖上瘾。就算不放白糖或香油，细细咀嚼品味，冷蒸也自有一股甘甜清香，口感软糯、很有嚼劲，那是一种与大地有关的气息，虽然原始却质朴纯真。一种味道，便是一种乡愁。冷蒸，这古老的吃食已经融进了太多的乡间记忆了。

南通大学的东南亚留学生在麦田里采摘麦穗，向南通农户学做冷蒸

新鲜出锅的冷蒸

　　冷蒸上市的时间很短，保质期更短，当天制作的新鲜冷蒸最是可口。但如果买回来不及时放进冰箱，或者隔夜后，口味就会大为逊色。这似乎与爱情有着异曲同工之处，好的爱情也有保鲜期，只有两个人互相珍惜、共同经营，才能品味到纯纯的爱情滋味。

　　随着信息化时代的到来，如今的通城，除了在小巷口可以找到叫卖冷蒸的身影，在一些互联网平台同样可以下单点购冷蒸，店家还贴心地提供了冷藏保鲜服务。但有心人还是更愿意走出家门，怀着一份闲适的心情，步行去北濠桥一带寻觅那些村妇，享受一把"觅食"的轻松快感。最好是在黄昏的街头巷尾，买一小团冷蒸来尝一尝。这一口美味带着清晨田间的露水，掺杂着大半天的慢工细活。迎着夕阳，抵达舌尖，将美妙的滋味和美好的心情一并下肚。

　　雨生百谷，"冷蒸"飘香。祝愿每一年的谷雨时节，都能有爱人相伴在侧，沐着十里春风，去寻觅那新鲜的冷蒸味道。

花露烧：一壶醉美梦中人

"不饮花露烧，就不算真正来过南通 。"

这句话如今在本地叫响了。不少外地朋友都听说过，南通有一款叫"花露烧"的酒；也有亲身试过这酒的，不知不觉就迷失了自我，半梦半醒之间记住了这个妖娆的名字。

花露烧，风花雪月的花，雨露滋润的露。仅是这如诗般雅致的酒名，就会让爱酒之人浮想联翩。

其实，花露烧里没有花，也没有露，就只有酒。江南的当代诗人车前子、张羊羊都写过关于南通花露烧的文字，多半是被这酒名所蛊惑，又饮出了些故事，于是笔下自动生成了花露烧的软文。

花露烧不是一个酒的品牌，其实是一种酒的类型。这是一坛有意思的酒，它被称为是南通先民独创之佳酿，其酿造工艺已被列入南通非物质文化遗产项目。

老南通将"米酒"称为"露酒"，在酿制米酒的基础上，用烧酒混合陈酿，做出了这个酒品。在南通方言中，称"混合"为"花"，故得名为花露烧。请注意，在这里"花"是一个动词。

这样说来，我们一上来就"剧透"了。看到这里，你对花露烧的"核心秘密"差不多搞清楚了：它是"米酒+烧酒"的完美混搭，披着米酒的外衣，不动声色地暗藏着烧酒，在延续着甜蜜甘醇的口感时，酒精度在悄然积累。不明真相的外地豪饮

风俗画中的长桥酒家

客有时也被它"着了道儿"，称之为南通的"深水炸弹"。其中，有些视高度白酒若等闲的北方大汉，偏偏难敌这"温柔一刀"。有些本地的损友拿花露烧当秘密武器，看着不明真相的外地朋友"含笑半步癫"。

花露烧的独特之处，在于它突破了传统"一酒一酿"单一陈酿技术的限制，酿成以米糟加入酒曲进行二次发酵蒸馏出来的米烧酒。简单地说，就是做米酒时，在本该加水这个环节上，直接用烧酒替换了水。如此狂野的做法，让人惊叹，当年的原创者竟如此大胆地改写了民间酿造史。

近代之前的南通，偏于江东一隅，要说此地在历史留名的酒，还真不算多。清代才子、美食达人袁枚在《随园食单》的"茶酒单"里，几乎是在全书的末尾提到了通州枣儿红，不过当了山西汾酒的背景板，属于"不入流品"。看这书，发现袁才子并不很懂酒。自己不会喝，还整啥排行榜。倒是时间稍后的小说家李汝珍对酒文化涉猎颇深，他在魔幻小说《镜花缘》第九十六回里，顺手列出了一张天下名酒的榜单，55 种酒里，南通州雪酒赫然在榜。李斗的《扬州画舫录》里也提到了，"土酒如通州雪酒……皆为名品"。这个通州雪酒不知所终。到了晚清，南通凭借状元张謇原创的颐生酒，在 1906 年米兰万国博览会上摘取了

在陆洪小镇的穆义丰酒坊，可以体验花露烧的制作工艺

中国酒类世博第一金。说起这个，南通人往往会加一句，"比茅台获奖早了9年。"

还是回过头来说花露烧吧。花露烧的做法，其实很难说是南通独创，丹阳的封缸酒、绍兴的香雪酒，包括南通北部的扣陈、糯米陈，都有类似的工艺。不过，也就是本地花露烧成了这类米烧混合酒中的代表作，那是因为南通人将个中技艺发挥得炉火纯青，让它成为米烧酒中的独一份。

一壶上佳的花露烧，从选材到下料、蒸煮、摊晾、发酵、取酒、窖藏，每一个环节，都独具匠心。发酵期虽然只有三个月，窖藏则要两年以上，才能完全形成其独特风味。这样的花露烧，开坛之时，色如琥珀，香气宜人，味道甘甜。

忽如一夜春风来，满城尽带花露烧。到了当代，集南方婉约与北方豪迈于一体的南通人，蓦然回首，发现在民间传承了数百年的花露烧，不经意间将黄酒与白酒两大门派绝学熔于一炉，犹如打通了任督二脉。

这酒既有江南米酒之绵柔，又蕴北方烧酒之刚劲。

一句话，这壶好酒最南通。到南通一游，各种花露烧可供一饮。唐家闸、穆义丰，都是不错的牌子。

花露烧还有一个特点，就是甜，甜到了忧伤。本地人已经将这个视为一个"bug"，请求酿造者降低糖度。也许，以后会有不太甜的花露烧面世，但那还能称为花露烧吗？

花露烧出自南通民间，过去是自家酿造，珍藏数年，多为尊贵的客人所备。没想到这款神奇的私房酒，却登上大雅之堂，俨然成为代言南通的酒中名品。